Suhrkamp BasisBibliothek 70

Diese Ausgabe der »Suhrkamp BasisBibliothek – Arbeitstexte für Schule und Studium« bietet die Erzählung *Amras* von Thomas Bernhard aus dem Jahr 1964. Bis an sein Lebensende war sie für ihn selbst die ihm wichtigste Prosaarbeit. Darüber hinaus findet sich hier ein Kommentar, der die für das Verständnis des Textes erforderlichen Informationen enthält: ausführliche Hinweise zu den literarhistorischen und ästhetischen Voraussetzungen der Erzählung, die Rezeptionsgeschichte und Deutungsansätze, Literaturhinweise sowie Wort- und Sacherläuterungen. Die Schreibweise des Kommentars entspricht der neuen Rechtschreibung.

Zu ausgesuchten Texten der Suhrkamp BasisBibliothek erscheinen im Cornelsen Verlag Hörbücher und CD-ROMs. Weitere Informationen erhalten Sie unter www.cornelsen.de.

Bernhard Judex, geb. 1969, promovierte an der Universität Salzburg mit einer Arbeit zur Poetologie und Motivgeschichte des Wassers. Er arbeitet den literarischen Nachlass von Thomas Bernhards Vorbild, dem Großvater Johannes Freumbichler, auf.

Thomas Bernhard
Amras

Mit einem Kommentar
von Bernhard Judex

Suhrkamp

Der vorliegende Text folgt der Ausgabe:
Thomas Bernhard, *Werke*.
Band 11: *Erzählungen I*.
Herausgegeben von Martin Huber und Wendelin
Schmidt-Dengler,
Frankfurt am Main: Suhrkamp Verlag 2004, S. 109–179.

Originalausgabe
Suhrkamp BasisBibliothek 70
Erste Auflage 2006

Satz: pagina GmbH, Tübingen
Druck: Ebner & Spiegel, Ulm
Umschlagfoto: Digne Meller Marcovicz
Umschlaggestaltung: Regina Göllner und Hermann Michels
Printed in Germany

ISBN 3-518-18870-4

1 2 3 4 5 6 – 11 10 09 08 07 06

Inhalt

Amras

⌜Das Wesen der Krankheit ist so dunkel
als das Wesen des Lebens.
Novalis⌝

⌐Nach dem Selbstmord unserer Eltern waren wir zweieinhalb Monate in dem Turm eingesperrt, in dem Wahrzeichen unseres Vorortes Amras*, das nur durch den großen,
in südlicher Richtung hinauf an das Urgestein führenden
5 Apfelgarten, vor Jahren noch ein Besitztum unseres Vaters,
zugänglich ist.⌐

Der unserem Onkel gehörende Turm ist uns in diesen zweieinhalb Monaten eine vor dem Zugriff der Menschen
schützende, vor den Blicken der immer nur aus dem Bösen
10 handelnden und begreifenden Welt bewahrende und ver-
bergende Zuflucht gewesen.

Nur dem Einfluß unseres Onkels, des Bruders unserer
Mutter, verdankten wir, daß wir, gegen die ⌐grobe Tiroler
Gesundheitsvorschrift⌐, die im Selbstmord Entdeckten, zu
15 qualvollem Weiterleben Verurteilten und dadurch Entstell-
ten betreffend, nicht in die Irrenanstalt hineindirigiert und
nicht wie so viele das Schicksal der *in ihr erst* Zerrütteten
und Zerschlagenen aus dem Oberinntal* und vom Kar-
wendel* und aus den Brennerdörfern* auf die mir bekannte
20 entsetzliche Weise zu teilen hatten.

Unsere ⌐Familienverschwörung⌐ war von einem Imster*
Geschäftsmann und Gläubiger unseres Vaters zwei Stunden zu früh entdeckt und publik gemacht worden: wir waren, zum Unterschied von den Eltern, noch immer nicht tot
25 gewesen ...

... sofort und, wie unser Onkel uns nicht verschwiegen hat,
völlig nackt, in zwei ⌐Roßdecken⌐ und in ein Hundsfell gewickelt, waren wir noch in der gleichen Nacht und *in noch
bewußtlosem Zustand*, um den Gesundheitsbehörden zu-
30 vorzukommen, in einem von unserem Onkel geschickten
schnellen Wagen aus dem ⌐Innsbrucker Vaterhause⌐ nach
Amras und dadurch in Sicherheit, in den Hintergrund von
Beschuldigung und Geschwätz und Verleumdung und In-

Seit 1938
Stadtteil von
Innsbruck

Das Gebiet
am Inn
westlich von
Innsbruck

Gebirge
nördlich von
Innsbruck an
der Grenze
zu Bayern

Dörfer am
Brennerpass,
an der Grenze
Tirols zu
Südtirol

Bezirksstadt im
Westen Tirols

famie gebracht worden ... Wir hatten, wie unsere Eltern,
unseren Selbstmord gewünscht und ihn untereinander ab-
gesprochen ... und ⌜am Dritten⌝ von einer Verschiebung,
wie wir sie im Laufe des Winters öfter im letzten Augenblick und jedesmal wieder durch Einwände unserer Mutter
zu akzeptieren gezwungen waren, überhaupt nichts mehr
wissen wollen ...

Hinter unseren Eltern zurückgeblieben, von ihnen allein
gelassen, lagen wir, Walter und ich, in den uns von allen
Seiten nur in Bruchstücken schamvoll beschriebenen, dadurch so dunkel gebliebenen Tagen kurz auf die Selbstmordnacht, schon von den ersten Augenblicken im Turm
an, die ganze Zeit auf den wohl für uns in aller Eile frisch
überzogenen Strohsäcken auf dem mittleren Boden des
Turms, zuerst besinnungslos, späterhin schweigend und
horchend und danach, oft den Atem anhaltend, vom Ende
der ersten Woche an, immer nur auf und ab gehend, mit
nichts als mit unserer völlig verfinsterten, hintergangenen
noch nicht zwanzigjährigen jungen Natur beschäftigt ...
Der Turm war uns aus der Kindheit wie kein andres Tiroler
Gebäude vertraut, kein Kerker ... auf der oberen wie auf
der unteren Treppe gehorchten wir ständig, tappend und
frierend, in unseren aus den Himmelsrichtungen bodenlos
impulsiv zerstörten Gedanken, unserem heillosen, wenn
auch höhern ⌜Geschwisterstumpfsinn⌝ ... Unsere Wach-
samkeit drückte auf unser Gemüt und beschränkte unseren
Verstand ... Wir schauten nicht aus den Fenstern hinaus,
⌜wir hörten aber genug Geräusche⌝, um Angst zu haben ...
Unsere Köpfe waren, streckten wir sie ins Freie, der ⌜Bös-
artigkeit der Föhnstürme⌝ ausgesetzt; in den Luftmassen
konnten wir kaum mehr atmen ... Es war Anfang März ...
⌜Wir hörten viele Vögel und wußten nicht, *was* für Vö-
gel⌝ ... Das Sillwasser* stürzte vor uns in die Tiefe und
trennte uns lärmend von Innsbruck, der Vaterstadt, und
dadurch von der uns so unerträglich gewordenen Welt ...

Aus Süden
kommend,
mündet die Sill
in Innsbruck
in den Inn

In den von unserem Onkel, noch während wir ohnmächtig, wahrscheinlich vollkommen weg und besinnungslos – tödlich gewesen waren, mit großem Bedacht ausgewählten, aus der Herrengasse* nach Amras heraufgeschafften, uns 5 beiden gehörenden Büchern und Schriften, meinen, Walter unverständlichen naturwissenschaftlichen, Walters mir unverständlichen musikalischen, blätternd, über die eigene und über die fremde, die allgemeine, ⌐uns wahnsinnig machende *große* Geschichte, sinnierend, über die Millionen 10 von Schneestürmen von Entwicklungen¬ – schon immer liebten wir, was uns schwer-, verabscheuten wir, was uns leichtfiel – immer tiefer in unsere tobenden Köpfe zurückgezogen, stopften wir unseren Turm mit Trauer aus.

Im Stadt-zentrum von Innsbruck

Einen Brief des Meraner* Psychiaters Hollhof, eines Freun-15 des unseres Vaters, den wir schon drei Tage, nachdem wir im Turm gewesen waren, erhalten hatten, beantworteten wir wie folgt:

Ital. Stadt (Provinz Südtirol)

Geehrter Herr,
der Zeitpunkt, in welchem wir Ihnen etwas über die Um-20 stände, die zum Tode unserer Eltern geführt haben, mitteilen können, wie Sie uns auffordern, Ihnen eine Beschreibung vor allem der Zeit zwischen dem Entschluß unserer Eltern (und uns) zum Selbstmord und der Ausführung *ihres* Selbstmords, was *uns* betrifft, über unsere ›Einübung in 25 den Selbstmord‹, zu geben, ist noch nicht gekommen; wir wünschen im Augenblick nichts, als in Ruhe gelassen zu sein.

Für Ihre Anteilnahme unseren Dank.
K. M. W. M.

30 Einen zweiten Antwortbrief schickten wir am gleichen Tag noch nach Kufstein*:

Bezirksstadt im Nordosten Tirols

Sehr geehrte gnädige Frau, sämtliche Ansprüche Ihrerseits, die Geschäfte unseres Vaters betreffend, sind an unseren Onkel, den Bruder unserer Mutter, der Ihnen bekannt ist, zu stellen.

Hochachtungsvoll 5
K. M. W. M.

Ermuntert nur durch die Aufmerksamkeit unseres Onkels, der uns wöchentlich zweimal, jeden Dienstag und Samstag – öfter, an anderen Tagen, erlaubte es seine Wirtschaft nicht – aufsuchte, immer in guter Laune, schien uns, immer 10 mit Zeitungen, Nachrichten, Neuigkeiten, die uns aber doch nur erschütterten, existierten wir plötzlich, allein auf unsere fürchterlichen, von jeher verletzten, wachsamen, ausdauerarmen Charaktere angewiesen, ⌜in einer sich immer mehr gegen uns verschwörenden, selbst unsere Geh- 15 und Sitz- und Liege- und Stehfähigkeit, naturgemäß unsere Denk- wie auch Sprechfähigkeit, unsere allgemeine Vernunftfähigkeit irritierenden Finsternis des für uns nicht jahr*hunderte*-, sondern jahr*tausende*alten Turms⌝.

Auch in ihm empfing Walter, wie schon sein ganzes Leben 20 lang, regelmäßig die für ihn wichtigen, teuren Besuche des ⌜Internisten, eines in ganz Tirol berühmten und berüchtigten Epileptikerarztes, eines brutalen, übergesunden vierzigjährigen Mannes⌝, der, wohl medizinisch durch frühen Eifer und spätere Schläue wie niemand gebildet, uns im- 25 mer verhaßt gewesen, auch schon unsere Mutter behandelt hatte … Nachdem wir im Turm soviel wie ganz aus der Welt und von unseren Eltern und ihrer behutsamen Wirksamkeit plötzlich verlassen waren, hatte sich, wie in Schüben und Stufen durchschaubar, Walters Krankheit, 30 eine ihn von Geburt an immer nur noch verdrießende, anfänglich nur sein Gemüt, aber später auch seinen Verstand immer gründlicher untergrabende, gegen ihn, wie es schien, mit logischer Grausamkeit heimtückisch wie auch offen vorgehende, noch heute vollkommen unerforschte, mit großer Geschwindigkeit periodisch gewaltsam verschlimmert und in der Folge auch unser gegenseitiges, auf geschwisterliches Zutrauen wie auf geschwisterliche *Über*vorsicht gegründetes Verhältnis zueinander bis an die Grenzen unserer Möglichkeiten verschärft ... Wir mußten aber zusammenhalten, und so ertrugen wir uns ...

Wir hatten beide sofort nach dem Ende unserer von den Tabletten hervorgerufenen und von zwei Innsbrucker praktischen Ärzten mit, wie sich denken läßt, großer Feierlichkeit entgifteten Ohnmacht, in der Gewißheit, wieder und gegen unseren Willen, also um so entsetzlicher existieren zu müssen, befürchtet, daß die Anfälle Walters, ihm angeborene, von der Mutterseite ererbte, von seiner Exostose* begünstigte, ihn von Zeit zu Zeit blitzartig mißbrauchende, in den letzten Monaten ganz zum Stillstand gekommene, jetzt im Turm, unter dem Überdruck des uns Zugestoßenen, wieder auftreten könnten ... und tatsächlich traten sie (die infolge seiner wissenschaftlichen Daueranstrengung von ihm hinausgeschobenen) schon nach den ersten Schritten im Turm wieder auf ... ⌈Mein Bruder war, ein Jahr jünger, viel feiner als ich konstruiert, einem eher phantastischen Nervensystem unterworfen, seine Konstitution immer eine automatisch geschwächtere gewesen⌉ ... sein ganzes Leben lang hatte er vor den Anfällen seiner Mutter Angst gehabt, diese Angst hatte *er sich* im Turm vergrößert ... nachdem er tagelang neben mir, immer schweigend und wie ich nahrungslos, auf sich selbst geschaut hatte, war, als er plötzlich, aufstehend, mich zu Hilfe nehmend, zum Fenster wollte, wenn auch anfangs nur kurz, als eine sogenannte Momentaphasie* ohne geringste Bewußtlosigkeit, die Epilepsie wieder über ihn hergefallen ... In der Finsternis hatte ich, der Vehemenz der

Tumorartige Knochenerkrankung mit äußerer Knorpelbildung

Plötzlicher vorübergehender Sprachverlust, z.B. in Folge von Epilepsie

Erkrankung gehorchend, nicht gesehen, wie sein Gesicht, wie seine Augen vor allem sich *durch die Erkrankung* verändert hatten, doch an dem Handgelenk, an dem ich ihn festhielt, ihn führend, hatte ich, während er stürzte, seinen Zustand gefühlt ... Wir befürchteten eine katastrophale Verschlimmerung seiner Epilepsie ... Wir hatten unser ganzes an unsere Eltern wie an zwei Pfähle gebundenes Leben in ständiger Angst vor der uns immer unheimlichen, auch an unserer Mutter unheimlichen ⌐Tiroler Epilepsie⌐ verbringen müssen ... diese Krankheit hatte uns alle, von einem gar nicht mehr eruierbaren Zeitpunkt an, zerstört, diese nur in Tirol bekannte Epilepsie ... Unsere Mutter war merkwürdig spät, in ihrem einundzwanzigsten Lebensjahr, kurz vor Walters Geburt, plötzlich von ihr befallen worden, von einem Augenblick auf den andern, nachweisbar auf dem Höhepunkt eines ⌐Tanzfestes in einem Wiltener* Herrenhaus⌐ ... und hatte sich sofort, auf ihre Umwelt sogleich erschütternde Weise, verändert ... Walter war wohl aus seiner kindlichen *Über*furcht schon rasch von ihr aufgestört und zersetzt worden ... ich selber, verhängnisvoll furchtlos als Kind, von ihr niemals auch nur im geringsten gestreift ... Es schien, als hätte diese jederzeit überall in Tirol entstehende Krankheit sich nach dem Tod unserer Mutter zur Gänze auf Walter geworfen ... Jetzt im Turm, und zwar mit den Tagen immer noch rücksichtsloser, trat sie, so wie ich sie von der Mutter her kannte, durch alles, so schien mir, gedeckt, durch die Turmatmosphäre begünstigt, an ihm wieder auf, gemeiner als vor dem Tod unserer Eltern ... Auf mich erschreckende Weise beobachtete ich, wie er, Walter, von Tag zu Tag auch physiognomisch, in seiner Schweigsamkeit, Hautfarbe, Stimmgebung, seelische Reaktionen, Körperfunktionen betreffend, unserer Mutter immer noch ähnlicher wurde ... Die Schlaflosigkeit, von welcher wir beide aus einem uns durchsichtigen physikalischen rohen Gesetz heraus, im Turm einem uns

5

10

15

20

25

30

35

14

wildfremden Luftrhythmus untergeordnet, urplötzlich für
einen von uns nun nicht mehr überblickbaren Zeitraum
befallen worden waren, verhinderte, daß wir uns, auch nur
für Augenblicke, beruhigten ...
5 Nur selten getrauten wir uns an die Fenster und drängten
die Läden zurück: ⌐wir schauten, betrogen, kam uns im
Sturmgeheul vor, auf die wahllos verkrüppelten Apfelbäume, in eine vor lauter Finsternis und Naturrätsel und
Verstandeserschütterung taube, wie uns schien, merkwür-
10 dig laute und wie nur anscheinend, weit unten, am Ende
des Apfelgartens, wo der Zirkus war, von Menschen bevöl-
kerte, widerspenstige, von ihrer Verschrobenheit nur an
der schwarzen und braunen und dort und da weißen Oberfläche gereizten, vorstädtisch jederzeit nur in strafbaren
15 Handlungen existierenden, verdrußerzeugenden Hochge-
birgslandschaft⌐ ... Was wir hörten, waren die klaren Ge-
rinnsel einer ununterbrochenen, sterbensmüden Chemie,
was wir sahen, war Tag und Nacht nichts als Nacht ...
brausende, ohrenbetäubende Finsternis ... Wir waren in
20 der Beobachtung alles Scheiternden stets und von jeher ge-
schult, doch fühlten wir hier im Turm, verstört, von der
ganzen Natur ins Vertrauen gezogen, auf einmal die Weis-
heit der Fäulnis ... Durch nichts als durch uns von uns
abgelenkt, erblickten wir uns in Amras in unserem bro-
25 delnden, dann wieder starren ⌐Geschwisterzusammen-
hang⌐ ... immer wieder die Frage stellend: *warum wir noch
leben müssen* ... und waren die ganze Zeit ohne Antwort –
kein hellsichtig machendes Echo jemals, immer Rück-
schläge wie Gehirnschläge! – in einer sich stündlich in uns
30 und um uns noch mehr und, ja, wenn auch menschenwür-
dig, zusammenziehenden ⌐doppelgehirnigen Einsamkeit⌐
hilflos voneinander abhängig, selbst in den allererbärm-
lichsten Handlungen und Verrichtungen ... auch nach Tagen, nach Wochen nicht, getrauten wir uns miteinander
35 über die Katastrophe zu reden; wir hielten uns, tierisch

gemeinsam, noch unterhalb jeglicher Mystifizierung, nur
ans Organische … ⌜in Absterbensmöglichkeiten verunglückte alles in uns⌝, in die tiefsten Naturenergien … Im
Gestöhn seines Halbschlafes erhörte ich, wie sich mein
Walter oft schwer ⌜in die föhnige Selbstmordnacht heim-
phantasierte⌝, vom Turm in die Herrengasse hinunter, in
die unserem Selbstmord und unseren Selbstmordversuchen
vorausgegangenen Tage, in ⌜das Märzliche, Schwüle⌝, das
nicht einmal einen einzigen Augenblick *für uns* gewesen
war, immer nur *gegen uns*; immer noch feierlicher, zum
Tod aufgelegter: Den ganzen Nachmittag des uns allen auf
einmal so günstig erscheinenden Dritten hatten wir nur
noch darauf gewartet, daß es, wie uns zu Willen, bald finster sei, aus sei, daß mit dem Tageslicht auch wir, Eltern,
Söhne, rasch, mühelos, im Schlaf einfach untergingen und
auslöschten, weg seien … Wir baten, bei überklarem Bewußtsein, nicht ohne Wörter, um eine ungewöhnliche
Schnelligkeit unseres Einschlafens … von den Tabletten in
unseren Gläsern erbaten wir sie … wir schauten nur noch
die Gläser an, das trübe, weiße Getränk … wir wollten
nicht mehr, nicht mehr sein, nichts mehr sein … Hinter
geschlossenen Fenstern, zugezogenen Vorhängen waren
wir, gänzlich vereinzelt und eng beisammen, schon fertig
gewesen; ab und zu war uns noch ein Geräusch von der
Straße herauf, ein Fuhrwerkgeräusch, ein Lachen, fernes
Getöse von Büchsenhausen* herüber, Mittel zur Welt gewesen … eine Tür, ein Fenster, ein Sessel … Wir hatten
nichts mehr gegessen, nichts mehr getrunken … plötzlich,
wie wir glaubten zum letzten Male, Gefallen an unseren
Kleidern gefunden, an unseren Händen, Stimmen, Einfäl-
len … am ⌜süßen Geruch⌝ unserer Speisekammer, die offen,
aber von keinem von uns mehr betreten worden war …
drei, vier, fünf Bücher hatte mein Bruder vor sich auf dem
Tisch liegen gehabt … Stifter*, Jean Paul*, Lermontow* …
die von mir einmal rasch zurückgezogenen Vorhänge hat-

Schloss im
Norden von
Innsbruck
(Stadtteil
Hötting)

Adalbert
Stifter (1805–
1868): österr.
Schriftsteller

Jean Paul
(1763–1825):
dt. Schrift-
steller

Michail J.
Lermontow
(1814–1841):
russ. Schrift-
steller

5

10

15

20

25

30

35

ten meinen am Fenster sitzenden, mit seinen Büchern beschäftigten, *wie studierenden* Walter erschrocken zu mir aufschauen lassen, ⌐während ich auf der durch die Berge schon beinahe völlig verfinsterten Straße ein paar Menschen beobachtete, die ins Theater gingen⌐ ... Ich beobachtete zwei Geschwistermädchen, ein Brüderpaar, zwei Professoren in schwarzen Mänteln, an ihre Stöcke gewöhnt, mit grauen, schwarzbebänderten Hüten; im Abstand von drei, vier Metern die Frauen der Professoren, auch schwarz gekleidet ... diese Leute haben, wie andere ihr Mittwoch- oder ihr Samstag-, ihr Komödien- oder Tragödienabonnement, ihr Dienstagabonnement ... Ich beobachtete den Zeitungsmann*, unseren Nachbarn, in einer alten, in militärischem Schnitt gehaltenen Pelerine*, ein Fleischhauermädchen* mit einem Wurstkorb und einen Unbekannten ... Traurig war, was ich sah, traurig war, was ich dachte, traurig zog ich den Vorhang zu, in der Trauer, die vom Verstand gelenkt ist ... Zwischen den gegenüberliegenden Häusern hindurch hatte ich noch auf den Inn geschaut, auf das fließende, sich dauernd verändernde, doch immer gleiche Gewässer ... ⌐Der Inn, die Ader, an welcher es sich ein paar flüchtige Generationen lang unter unserem Namen fürchterlich partizipierte, geheimnisvoll vorlaut⌐ ... Mich umdrehend war ich dann vor der gespenstischen familiären ⌐Abbreviatur⌐ erschrocken gewesen: in Beobachtung von uns selbst waren wir, unsere Eltern und ihre Söhne, in unserem vorsorglich von den Fremden, Hausangestellten, Dienstboten, wie uns schien gesäuberten Haus, nachdem wir auch noch den Hofburschen weggeschickt hatten, aus dem Käfig hinausgelassen ... nur noch einer wortlos die Abfahrtszeit eines schon längst bestiegenen Zuges abwartenden Reisegesellschaft vergleichbar gewesen ... Unsere Mutter hatte, nach Wochen zum ersten Mal wieder, ihr Bett verlassen und sich zum Ofen gesetzt ... als ein schweigsames Denkmal ⌐tirolischer Le-

Zeitungsverkäufer

ärmelloser Umhang, Regenmantel

Lehrmädchen bei einem Fleischhauer (österr.: Metzger)

bensmüdigkeit⌐ sah ich sie … In ihrem längst aus der Mode gekommenen grauen Chiffonkleid*, das, wie alle Kleider von ihr, ihrer mageren Arme wegen Ärmel bis über ihre Handrücken hatte, war sie mir Ausdruck der ⌐Melancholie⌐ eines alten, von Krankheit vergrämten Geschlechts, die stille Verheimlichung einer Hölle gewesen … Wir hatten uns gegenseitig die besseren Plätze angeboten … unser Vater hatte scheinbar im Inseratenteil unserer Zeitung gelesen … mein Bruder sich von Zeit zu Zeit in die Schriften von Sterne* und von Dante* und Donne*, die er sich zuletzt noch ausgesucht hatte, vertieft … in den Diderot* … Wir erwarteten niemand, läutet es, hatten wir ausgemacht, wird nicht mehr aufgemacht … Kein Mensch fiel uns ein, der hätte kommen können … ⌐Der Abend stürzte, wie wir es immer gewohnt waren, ein riesiger toter Raubvogel, in die Straße⌐ … wir hatten dann noch die Kirchenglocken so deutlich gehört, daß wir die Herkunft der einzelnen Klänge, von Wilten, Pradl, Hötting* und Amras herunter, gut unterscheiden konnten … Merkwürdig: die Leute gingen an diesem Abend in das Theater … Jeder mit, wie uns schien, genügend Tabletten in seinem Glas ausgerüstet, zogen wir uns in die Zimmer und also, wie verabredet, *voreinander* zurück … unseren Vater hörte ich noch aus dem Schlafzimmer lachen, Walter hatte sich schon um halb zehn an die Wand gedreht, ich selbst mich dem Schlafmittel länger als eine Stunde, dann ohne Erfolg, widersetzt, war aufgestanden und auf den Gang und ins Vorhaus hinunter und wieder zurück in das Brüderzimmer gegangen … einen Augenblick, nur einen Augenblick hoffte ich, jemand käme ins Haus und entdeckte uns … kein Mensch kam … das Innwasser schlug, sobald ich nur noch in milchigen Bildern schwamm, in hoch aufgetürmten, dann ineinandergeschobenen Wellen an die durch den Felssturz veränderte, von uns Kindern gefürchtete Uferstelle … In der Stadt war auf einmal ⌐ein Lärm, als ob Menschen erschossen wür-

Kleid aus besonders feinem Gewebe

Laurence Sterne (1713–1768): engl. Schriftsteller

Dante Alighieri (1265–1321): ital. Schriftsteller und Philosoph

John Donne (1572–1631): engl. Lyriker

Denis Diderot (1713–1784): franz. Schriftsteller der Aufklärung

Stadtteile von Innsbruck

den ... vom Zollamt herüber hörte ich Schritte, immer mehr und mehr Schritte, als ob die Soldaten jetzt aufmarschierten⌐ ... ⌐ein sich immer noch mehr vergrößernder Vogel war plötzlich im Zimmer, verzweifelt an alle vier Wände schlagend ... ich hatte Angst, ersticken zu müssen⌐ ...

⌐In dem, wie ich weiß, von unserem Onkel mit Vorliebe für die Finsternis ausgestatteten, von ihm mit den Jahren, anscheinend für sich selbst, immer noch mehr verfinsterten Turm, durchlebten wir eine einzige schlaflose, nur von unseren heftigen Körper- und Gefühlsschmerzen, Wasser- und Vogelgeräuschen aufgelockerte Nacht, und die schöne, die sogenannte erhabene Kunst und die hohe Wissenschaft, als deren Nutznießer wir beide uns, so gut und solange es gegangen war, von Kindheit an in der Elternumgebung immer fast ungestört, wenn auch im Schatten unserer Krankheiten, anschauen durften, waren für uns, die wir, auf Befehl unseres Vaters aus dem Ausland (aus England), wohin wir zu Studienzwecken beordert, dann auf einmal zurückkommandiert worden waren, wegen der immer schwereren Krankheit der Mutter, auch Walters im Ausland ganz plötzlich vergröberter Krankheit wegen, auf einmal kein Mittel mehr, uns grundlegend, so, daß es heilsam gewesen wäre, von uns, von unseren entsetzlichen Krämpfen, von unseren entsetzlichen Krankheitszuständen abzulenken, geschweige denn aufzurichten⌐ ... ⌐Es schien uns in diesen Wochen, als wäre uns meine Naturwissenschaft mit den Eltern gestorben, als hätte sie mit den Eltern Selbstmord begangen ... als wäre auch Walters Musik seither tot⌐; wir schauten in unsere Forschungen, in unsere erstaunlichen Theorien und Entdeckungen, in unsere Geistesprodukte auf einmal wie zwei um alles Betrogene in ein Leichenhaus; mit jedem Buch, das ich aufschlug, schlug ich einen Sarg auf ... unsere ästhetischen, selbst unsere frühesten fragmentarischen Errungenschaften, Anrechte, Vorrechte für unser Leben, Beweise für unsere Geistesentwicklung, waren eingesargt ... Walter, um ein Jahr jünger, von, wenn auch kranker, so doch viel kunstvollerer Natur, Harmonie, hörte, wann immer, keine noch so entfernte Musik mehr; aus ihm, dem sie alles gewesen war, der sich ein Leben ohne sie niemals auch nur hatte vorstellen können, hatte sie, die er sich erforscht hatte, sich gleichsam mit ihm erschrocken zurückgezogen ... Meine Naturwissenschaft, was sie darstellte, war mir mit einem Mal nur noch ein mich verstörendes, mich für sie selber bestrafendes Mißverhältnis zu dem, was ich immer gewesen *war*, gewesen ... Das den Turm in den späteren Märztagen auf einmal widerspenstig umgebende Wetter bestand, wichtigtuerisch, aus tausenderlei gegensätzlichen Stimmungen, Mutationen*, Revolutionen, Explosionen ... es hatte so, seltsam, auf uns im Turm, die wir gleichmäßig trübsinnig, plötzlich weit hinter uns selber zurück ohne jeglichen Fortschritt waren, einen furchtbaren Einfluß: wir verkrochen uns oft, wie verabredet, in den hintersten Winkel der nur ein paar Schritte von unseren Strohsäcken entfernten ⌐Schwarzen Küche⌐ ... hier und da in der Dämmerung, wenn aus der tiefen eine noch tiefere, uns, wie wir glaubten, verleumdende Nacht geworden war, wenn uns die Bergschläfen*, die in das Sillwasser schneidenden Wände, wenn uns das monumentale, durch die brausende Sill echolose Geklüft bis zur Unkenntlichkeit unsere *Um*welt und dadurch auch unsere *Innen*welt sträflich verfinsterten, verfinsterten und verkrüppelten, getrauten wir uns hervor ... Wir verschoben dann, wie von uns selber verhöhnt, von den Landschaften, von den Wissenschaften, von den menschlichen ⌐Dunkelhaften⌐ und Künsten, unter närrischen, konfusen Zurufen, ⌐Sätzezerbröckelungen⌐, bis in die Mitternacht und darüber, allein von der Wärme und von der in ihr Wurzeln schlagenden tierischen Eifersucht unserer Körper gelenkt, immer

Veränderungen, v.a. in der Genetik, das Erbmaterial betreffend

metaphorisch im Sinn von: Kanten, Felslinien der Berge

20

wieder die Tische und Sessel und Bänke und Kasten im Turm ... einmal bohrten wir unsere Körper unter die Apfelhaufen, unter die Birnenberge, hinein in das ⌜Modrige, Faule⌝ ... als wünschten wir in solcher Art Sinnenverkrüppelung langsam zu ersticken ... ⌜Oft fügten wir uns an den Körpern, dann, wenn wir glaubten, wenn wir fühlten, wenn wir wußten, daß unsere Seelen, ja unsere Gehirne schon schmerzunempfindlich geworden waren, in hoher Erregung da und dort, an der Brust, auf dem Rücken, auf den Schenkeln und an den Kniegelenken, auch auf den Handflächen und an den Hinterköpfen, nicht gegenseitig, sondern jeder für sich, geschwisterlich, ausgeliefert der Schnelligkeit unserer der frühesten Frühlingsnatur entsprungenen Handlungsweise, Verletzungen zu ... kontrapunktisch* schlugen wir, in immer stärkerer Rhythmisierung, unsere Köpfe an alle vier Wände ... mutwillig unter beschwörendem Lachen zerfetzten wir oft in der Finsternis, von Gerüchen und also Geschwüren geleitet, an nichts als an Luft, an das teuflische Oxygenische* angeklammert, vor Lust unsere Kleider, unsere Hosen und Hemden ... jeder für sich waren wir der zerstörende Mittelpunkt aller Zerstörung ... krankhaft in unseren Gegensätzen ... wir erschöpften uns rasch in unseren Exaltationen⌝ ... In letzter Zeit hatten wir immer unsere Strohsäcke umgedreht, uns am faulen Geruch ihrer Eingeweide berauschend ... beide entdeckten wir in solchen vom Föhn ausgelösten Zuständen in uns, in solchen Gelegenheiten, die wir auf Absprache, aber wortlos herbeiführten, eine primitive Gelenkigkeit, Katzenhaftigkeit an uns ... Wir rächten uns! ... Wir rächten uns gründlich an unseren eigenen Körper- und Geistesgebrechen ... Es dauerte meistens Stunden, bis wir uns nach solchen Zuständen, wie von mir angedeutet, aus Hunderten solchen im Dunkeln bleibenden, wieder befreien konnten ... Im Turm war es, wegen der Nähe des Sillflusses, kalt, trotzdem standen wir oft nach dem Nacht-

gegensätzlich, abwechselnd

Sauerstoff

21

mahl, solange wir es ertragen konnten, völlig nackt, Körper an Körper, in für uns schon lange nicht mehr wunderwirkender zarter Berührung an die vor Feuchtigkeit blitzenden Mauern gelehnt, in einer Art unerfüllbaren, unsere Köpfe beschwerenden pubertären Erfrischungsmanier ... Walters Haut, fleckenlos, krank, in Verlegenheit, schimmerte, wo der Lichtschein der Sill in einem beinahe spitzen Winkel, gebrochen durch einen schmalen, vom linken Fensterladen hervorgerufenen Schatten hereinfiel, am schönsten ... ängstlich, ja furchtsam waren wir schweigsam in solchen Augenblicken, die, aus der frühesten Kindheit, sich von uns noch immer vertiefen und sorgsam verfeinern ließen ... jetzt irritierten sie uns, immer schmerzhafter, immer unerlaubter ... immer noch mehr waren wir hier im Turm auf Vermutungen angewiesen in unserem hochentwickelten Spähertum ... Exzesse betrieben wir, uns gelang keine Unterhaltung.

⌐Meine Erklärung des Chromonema zum Beispiel, der Endomitose, der Isotope und Mitochondrien, des Nucleolus, des Pleiotrops, die meinen Walter immer erstaunt, ihm Vergnügen bereitet hatte, denn ihm waren in seinem mir lieben Verhältnis zur Anschauung einer ihm ›spanischen‹* Wissenschaft Correns und Mendels Formeln und Theorien nur Poesie gewesen, zerbröckelten mir auf der Zunge⌐ ... ebenso lösten Walters Rezitationen der Verse Baudelaires* und Novalis' oder auch nur der naivste Versuch einer Annäherung an die ⌐›Rede des toten Christus vom Weltgebäude herab‹⌐ in uns nur Entsetzen aus, denn sie endeten jedesmal kläglich schon in den Ansätzen; unsere Sprechweise war, vor allem die Walters, die ich, weil ich sie nicht aus mir selber zu hören gezwungen war, am allergenauesten beurteilen konnte, früher, in unserem Elternhaus jedenfalls, immer offen, unsere Kindheit und Gymnasialzeit entlang bis zur Katastrophe von ihrem schönen Rhythmus erfüllt, immer Aufschwung für Vieles, für Alles gewesen,

(ugs.) fremden

Charles
Baudelaire
(1821–1867):
franz. Lyriker

auf einmal knechtisch abgewürgt, getreten, in Bruchstük-
ken panisch.

An Hollhof
Geehrter Herr, wir konstatieren eine seltsame Überein-
stimmung unserer, wenn auch jetzt im Turm nur noch
chaotischen Denkvorgänge: wir billigen die Handlungsweise unserer Eltern, wir verurteilen sie, zum Unterschied
von der Öffentlichkeit, zum Unterschied von den Innsbrucker Zeitungen, Gerichtsmenschen, nicht ... Wir wissen, was die Zeitungen schrieben und was sie schreiben,
denn wir lesen sie; was in Innsbruck und was in Wilten und
Amras, in Hall* und in Kufstein, in Wörgl*, im ganzen Inntal gesprochen wurde, gesprochen wird, denn unser Onkel
berichtet uns immer darüber ... Wie ungeheuerlich das nur
auf Schadenfreude und auf ⌜gemeinnachbarliche⌝ Speku-
lationen Gegründete, das entsetzliche Gerüchtmaterial in
die zersetzungslüsternen Innsbrucker Gassen einfließt, in
seine Straßen und Plätze, was in Geschäften und Gasthäu-
sern und auf den Märkten in diesen Tagen und Wochen, da
wir doch beide in ganz Tirol wohlbekannt sind, schon
durch Jahrhunderte wohlbekannt sind ... von Mund zu
Mund, von Gehirn zu Gehirn geht ... Wie hätten wir, wären wir nicht von unserem Onkel nach Amras in den Turm
gebracht worden, in Innsbruck und unter den Menschen zu
leiden gehabt, und wie hätten wir dort zu leiden ... und
auch im Irrenhaus, unter den dort noch immer herrschen-
den Zuständen ... Schon am ersten Turmtag, an dem Tag,
an welchem wir aufgewacht waren, vermutete Walter, ⌜sei
unser Innsbrucker Haushalt aufgelöst worden:⌝ durch die
Herrengasse führen ununterbrochen Wagen mit unserem
schönen Besitztum davon, schwerbeladene Wagen ... er
sehe sie einmal von links und einmal von rechts ... er sehe
ununterbrochen das ›Fürchterliche, Unabwendliche ...‹
Die Verhaltensweise unseres Onkels deute auch darauf

Stadt östlich
von Innsbruck

Stadt im Nord-
osten Tirols

hin ... Unser Onkel besucht uns Dienstag und Samstag in Begleitung des Internisten, der Walter immer mehr Medikamente verabreicht ... gegen die Anfälle spritzt er ihm eine ganz neue Chemie ein ... immer kommt er mit immer größeren Schachteln, die alle so kompliziert aufzumachen sind ... Unser Onkel klärt uns über das in der Innsbrucker Herrengasse Vollzogene, sich schmerzhaft Vollziehende auf ... doch hat es länger als eine Woche gedauert, bis unser Elternhaushalt, in dem Sie oft wochenlang unser Gast gewesen sind, die uns im Laufe der Jahre verbliebene Urzelle unseres Familienbesitzes, praktisch nicht mehr existierte ... Wir hörten von Tag zu Tag von uns lieben Gegenständen, die forttransportiert worden waren, von Möbelstücken, von Bildern und Büchern, von Spiegeln, Geschirr und Wäsche. Wir hörten, daß alles, woran unsere Kindheit behutsam geheftet war, mit der Schnelligkeit der neuen offiziellen Besitzergreifer in alle Winde zerstreut, in alle Himmelsrichtungen uns in großen und kleinen Wagen, wie Walter es sich vorstellte, entführt worden ist ... Wir hören jetzt nur noch von Rechtsanwälten und Leichenbestattern, von Friedhofsverwaltern, Steinmetzen, Totenscheinen ... von kirchlicher und weltlicher Infamie, von entlassenen Dienstboten, von der tirolischen Engstirnigkeit ... von den Praktiken Hunderter Gläubiger, Innsbrucker Journalistenkletten ... Wir hätten im Juni auch noch ein Gerichtsverfahren gegen uns zu erwarten, verschiedene Zweideutigkeiten hätten der Tiroler Justiz zu denken gegeben: unsere Eltern seien nicht *in*, sondern *neben* ihren Betten, nämlich auf dem Boden, gefunden worden ... Walter und ich, aneinandergedrückt, in Walters Bett ... Unser Entdecker ist der Imster Geschäftsmann Lugger ... Unser Onkel hat alles für uns zum besten gelenkt: Vorsprachen, Abbitten, tausenderlei Erklärungen ... Landtags- und Bischofsbesuche ... Bürgermeisterbesuche ... Gerichtsbesuche ... die plötzliche ungeheuere Korrespondenz ... die

Ärztekonsultationen ... Zu unserem Vormund bestimmt, war er darauf bedacht gewesen, uns in Amras vor jeder Beschädigung durch die Außenwelt zu bewahren ... Wir sind glücklich über das von ihm für uns Gerettete, wenn es auch wenig uns Gehörendes ist ... die Liquidation* ist zu schnell gekommen, die Geschwindigkeit der Gläubiger hat uns doch vor den Kopf gestoßen ... Selbst von unseren Fahrrädern, Geburtstagsgeschenken unseres Onkels, haben wir uns, laut Gerichtsbeschluß, trennen müssen, denn ⌐niemand im ganzen Inntal ist so verschuldet gewesen wie unser Vater⌐ ...

Auslöschung; hier Geschäfts-auflösung, Verkauf von Sachwerten

Gründlich, so, daß es uns weitergebracht hätte, getrauten wir uns über unser Schicksal nicht nachzudenken, geschweige denn, uns die Ursachen klarzumachen ... Wir vermieden die uns verletzenden Wörter, Begriffe ... doch es gelang uns nicht, uns auch nur zeitweilig schmerzfrei zu machen, uns war immer wieder der unerträglichste aller Schmerzen verursacht: die Erinnerung an die Eltern ... ⌐Walter ging oft zum Fenster und schaute hinaus und sagte: ›Es ist nichts!‹, obwohl für ihn doch draußen, unter dem Turmfenster, *etwas* gewesen war, ein Geräusch, eine Stimme⌐ ... eine Stimme hatte ihn ja zum Fenster *gezogen* ... die Stimme unserer Mutter, die Schritte unserer Eltern im Garten, zu jeder Tageszeit, oft in der Nacht, immer wieder ... jedesmal aber das gleiche ›Es ist nichts ...‹, es wiederholte sich täglich in immer kürzerem Abstand, daß er vom Strohsack aufsprang und an das Fenster stürzte ... dann sein Schweigen wie in fürchterlicher Ergebenheit ... Unsere Kindheit, die wohl am innigsten mit unseren Eltern zusammenhing, gerade weil wir von ihnen ja niemals schockiert worden, nur immer uns selbst überlassen gewesen waren, nicht ohne ihre Erziehung, eine sehr freie und dadurch strenge Erziehung ... war uns in diesen Wochen so gegenwärtig wie niemals vorher ... selbst verrückt, war sie unserer Verrücktheit ein Trost ... Oft saßen wir uns, von uns abgewandt, in unserer katastrophalen Körper- und Geistesverfassung, nach langen Perioden der Erschütterung unserer Gehirne, gegenüber, als plötzlich mein Walter zum Fenster sprang, von einem Rufen erschrocken ... das, von einem bestimmten Zeitpunkt an *auch ich* hörte ... aber im Garten war niemals auch nur eine Andeutung eines uns rufenden Menschen ... wir hörten es aber viele Wochen lang immer gleichzeitig rufen ... ganz deutlich die Rufstimmen unserer Eltern.

Böden und Mauern

Durch die ⌈Böden und Mauern⌉ waren wir auf das engste mit der gesamten Natur, und zwar doppelt verstandesmäßig mit der gesamten Natur verbunden, nicht nur durch die Luft ... wir horchten stundenlang an den entferntesten Ufern ... wir hörten das Gemisch aller möglichen Sprachen, das Gemisch und Gedröhn aller Laute erfüllte unsere Kopfhöhlen, die zeitweise ganz ohne Fleisch, ohne Blut waren ... in einem bestimmten Verhältnis unserer Schläfenknochen zum Erdmittelpunkt, den wir uns für uns und für alles bestimmen konnten, waren wir eingeweiht in die Schöpfungsvorgänge, in die Willensstärke der ganzen Materie ... Wir waren uns dann unser selbst als zweier doppelter Spiegelbilder des Universums bewußt ... Himmelserscheinungen, Höllenreflexe ... In Meeren und Wüsten zugleich die Erschütterung der Atmosphären ... oft waren wir wirklich so hoch in der Sternbildanschauung, daß uns fröstelte, *selbst* Wasser, Gestein ... im Vorteil der Sterblichkeit, wenn wir horchten und dadurch begriffen ... wir fühlten und wir begriffen ... wir schauten, nicht mehr auf Vermutungen angewiesen, auf die Berechnungen klaren Menschenverstandes ... in wie feiner, nicht kopfzerbrechender

Schweigsamkeit konnten wir uns in solchen Augenblicken verständigen, uns erneuern ... Wir hüteten uns davor, das Gesehene anzusprechen ... Das Phantastische enthüllte uns alles sekundenlang nur, um es wieder *für sich* zu verfinstern ... die höchsten Augenblicke waren naturgemäß immer die kürzesten, überhaupt allerkürzeste Augenblicke ... Unsere Schläfen an Böden und Mauern gedrückt, beobachteten wir die ⌐Drehung von Millionen von Lichtjahren⌐, weit entfernt ... konische* Kreisel, kugelförmige Himmelskörper, die präzise Gelenkigkeit der Mathematik ... kegelförmige

Wir staunten darüber, daß wir noch lebten ... noch existierten, uns wieder zu existieren getrauten, nicht mit unseren Eltern fort, aus der Welt geschafft waren ... noch immer nicht in Verwandlung begriffen ... Wir waren bereit gewesen, zu sterben ... wir hatten ganz auf das Urteil unserer Eltern vertraut, unserem Vater gehorcht ... Wir waren uns in unserem Tod schon sicher gewesen ... wir hatten nicht sterben *dürfen* ... Eingeweiht in das ⌐Selbstmordkomplott⌐, waren wir in den letzten Wochen zu Hause in Wirklichkeit ja schon befreit gewesen in dem Bewußtsein, zu sterben, sterben zu dürfen, die Aussicht, bald tot zu sein, hatte uns beide beschwichtigt ... Wohl hatte das schwüle Wetter unseren Entschluß herbeigeführt, uns keine Verzögerung mehr gelassen, die Entscheidung aber war schon vor dem Heiligen Abend gefallen ... Unser aller Leben war durch die Todeskrankheiten der Mutter und des Bruders unerträglich geworden, wenn ein Mensch weiß, was solche Krankheiten ständig *verursachen* ... die nicht mehr zu heilen sind ... Und Walters Todeskrankheit, die ⌐doppelte Todeskrankheit⌐, die Todeskrankheit der Mutter und seine Todeskrankheit zusammen ... und die dadurch heruntergekommenen Geschäfte des Vaters ... dieses uns alle beschämende Aufsehenmachen ... dieser uns alle beschä-

Lans u.
Aldrans: Orte
südöstlich von
Innsbruck,
nahe bei
Amras

(österr.)
Maisanbau

Ort südlich von
Innsbruck

Almgebiet
in der Nähe
von Innsbruck

Passeiertal in
Italien, Provinz
Südtirol

westlichstes
Bundesland
Österreichs

Anhänger der
Lehre über-
sinnlicher
Wahrneh-
mungen
(occultus, lat.
verborgen)

mende Gerichtsgesprächsstoff ... die große, die schöne
Wirtschaft in Lans*, die Hölzer in Aldrans, der Weinbau,
das Sägewerk und der Kukuruzanbau* in Fulpmes* waren
auf einmal, wir waren noch Kinder gewesen, verwahrlost,
verpachtet, verloren ... zuletzt gehörten uns nur noch die
beiden Apfelgärten in Wilten, aber auch die waren bald in
der fremdesten Hand ... im letzten Jahrzehnt hatte unser
Vater das Geld in den schönen italienischen Städten Mantua und Turin, wo er Freunde hatte, in Rom, Venedig und
Genua, in Trient und Bozen verspielt und vertrunken ...
der erste, der allerschmerzlichste aller Verluste: die Mut-
tereralm*, der Passeiersteinbruch* ... Die Hypotheken, die
Schulden in Vorarlberg* hatten schon früh unser Leben
verdunkelt ... die Eltern schützten uns zwar vor der Finsternis, wir tappten aber doch immer wieder, schon als
Kinder, in die von den Eltern geworfenen Schatten ... Vor
allem die dauernde Bettlägerigkeit unserer Mutter, die immerfort Hilfe beansprucht und, wenn auch sanft, ihre Leiden schließlich zum Mittelpunkt unseres Lebens gemacht
hatte, deprimierte uns ununterbrochen ... durch die mo-
notone Trübsinnigkeit aller Jahre waren wir schon bald
nicht mehr für die Gesundheit zu gewinnen gewesen ... uns
zerstörte auch das uns zur Gewohnheit gewordene Aus-
und Eingehen aller möglichen größenwahnsinnigen Ärzte,
Innsbrucker Okkultisten*, Gläubiger in unserem Elternhaus ... Naturgemäß war uns bald nichts als der Selbstmord geblieben, der uns alle vier ausrottende, liquidie-
rende ... Wie gut, daß die Eltern uns nicht mehr *er*leben
mußten ... Jetzt, unter der Aufklärung unseres Onkels, der
immer mit vielen Papieren aus der Stadt herauf in den
Turm kam, sahen wir beide erst, wie durchlöchert unser
aller Existenz schon immer gewesen war.

In dem von einer Unzahl alljährlicher Erdbebenstöße völlig
verschont gebliebenen, von uns immer durch einen Eichen-

holzbalken verriegelten und so gegen das Verbrechergesindel abgesicherten Turm, in den Kellern sowie auf dem Dachboden, waren, im Hinblick auf von unserem Onkel befürchtete Katastrophen, Lebensmittel für mehrere Jahre gestapelt ... doch wir rührten sie niemals an, sondern begnügten uns am Morgen mit der uns von einem der Gartenarbeiter auftragsgemäß vor die Turmtür gestellten Milch und dem dazugehörenden frischen Brot; zu Mittag aßen wir Äpfel und Birnen, mit welchen der obere wie der untere Boden angefüllt waren; am Abend machten wir uns auf dem offenen Feuer der Schwarzen Küche eine Kanne voll Wein heiß (Lebenberger, Küchelberger, Greifener* ...), die wir schweigend auf unseren Strohsäcken austranken; dazu aßen wir von dem Rauchfleisch*, das in der Schwarzen Küche hing ... das von der Decke der Schwarzen Küche herunterhängende Rauchfleisch war uns, die wir augenblicklich immer in tödlicher Angst lebten, von Natur aus in einem Anschauungszwang zum Phantastischen, zum Phantastisch-Grausigen neigten, uns zwei in den Turm eingesperrten Köpfen, Gehirnen, uns, die wir zeitlebens in ⌐Hochgebirgsfiebern⌐ alles ausnahmslos zu zerfühlen und zu zerdenken hatten, ⌐ein phantastisches Bild von getöteten Militärischen, von aus dem Dunkel der Küchendecke herunterhängenden toten Ärschen und Fersen und Köpfen und Armen und Beinen ... eine von unseren Grauenverstärkungsanlagen hervorgerufene Fiktion von Leichen, sich immer rhythmisch zufallenden Männerleichen⌐ ... Unser Onkel hatte uns erlaubt, von dem Rauchfleisch zu essen, uns schon am ersten Tag, an welchem wir beide darüber erschrocken waren, dazu ermuntert ... ich schnitt es uns jeden Abend so kunstvoll als möglich in hauchdünne Blätter und tunkte es uns in den Wein ...

Geographisch bezogene, nicht nachweisbare Weinsorten

geräuchertes Fleisch, Geselchtes

⌜Das Augsburger Messer
oder das Messer der Philippine Welser⌝

Ich schnitt das Rauchfleisch wie auch das Brot mit dem
Messer, das die Philippine Welser 1557 für den Erzherzog
Ferdinand aus Augsburg nach Tirol mitgebracht hatte und
das in der Schwarzen Küche, zwei Meter von unseren
Strohsäcken weg, an der Wand hing. Walter getraute sich
nicht mit ihm umzugehen, er fürchtete sich sogar, es *nur in
die Hand zu nehmen*, doch entzückte es ihn, wenn ich, in
Handarbeit viel geschickter, damit in das Rauchfleisch hin-
einschnitt ... die ungemein feine, die ›philosophische Ziselierung*‹ (Walter) auf beiden Seiten der scharfen Klinge,
die Türme der Lechstadt Augsburg* darstellend, interes-
sierte uns, gefiel uns ... Walter phantasierte oft in der
Nacht um das Messer herum ... er fürchtete, daß es in
seiner Hand nur zur ›Zufügung sonst nicht geschehenden
Schmerzes‹ gebraucht werde, in solcher Vorstellung lebte
er, was das Messer betrifft, er fürchtete, mit dem ›unserem
Onkel gehörenden Kunstwerk aus Augsburg‹, sobald es in
seiner Hand wäre, zuzustechen ... und so berührte er es die
ganze Zeit, die er im Turm war, bis zu seinem Tod, nicht ...
ein krankhafter Zug war um seinen Mund, wenn ich das
Augsburger Messer mit raschem Griff von der Wand
nahm ... jeden meiner Schnitte verfolgte Walter mit großer, mich nachdenklich machender Aufmerksamkeit: wie
er ›Das Messer ist frisch geschliffen‹ sich mir gegenüber zu
sagen getraute, war aufschlußreich, gab mir zu denken; wie
er es immer umging, wie er sich fürchtete, es länger als ihm,
wie er sagte, ›zuträglich‹ anzuschauen; er schaute es nicht
so an, wie ein Mensch ein Messer anschaut ... was auch
immer er in bezug auf das Augsburger Messer sagte, gab
mir zu denken, aber alles von Walter im Turm Gesagte hat
mir zu denken gegeben ... es brachte mich auf die finstersten Geschwistergedanken ... Schon als Kind hatte ich das

kunstvolle,
feine Verzie-
rung bzw.
Gravur

Augsburg liegt
am Lech

Augsburger Messer auf seinem Platz in der Schwarzen Küche gesehen; immer war es zum Rauchfleisch- und Brotschneiden da gewesen: merkwürdig, Walter, bin ich erinnert, hat sich schon als Kind geweigert, es anzurühren, wenn wir in den Turm gekommen waren, zu Ostern, Pfingsten, Dreikönig ... an Spätsommertagen, von Millionen von honigsuchenden Bienen gejagt, im Turm Schutz suchend vor den Mücken ... auf denselben Strohsäcken, auf welchen wir jetzt unser Lager hatten, versunken ... Zuflucht suchend und Zuflucht findend vor der mit uns Unzucht treibenden erbosten Natur ... Das Augsburger Messer oder das Messer der Philippine Welser: mein Onkel verstand nicht, warum sich mein Bruder vor ihm, das das schärfste war, fortwährend fürchtete; er wollte es ihm einmal aufzwingen, es ihm mit Erwachsenenschnelle in die Hand pressen, doch war mein Walter davor zurückgesprungen ... das Messer zu Boden geschnellt, ich erinnere mich genau: ich war in dem Augenblick, in welchem es auf dem Boden lag, von seinem Glitzern und Funkeln ergriffen gewesen ... Dieses Vorfalls erinnerte ich mich sogleich bei dem neuerlichen Anblick des Messers ... ich machte Walter schon gleich am ersten Tag im Turm von mir aus den Vorschlag, es ihm zu *ersparen*, es von der Wand herunterzunehmen ... ich wollte es unserem Onkel geben, damit er es mitnehme ... aber das wollte mein Bruder nicht ... Bei geschlossenen Fensterläden täuschte es uns einen ›türkischen‹ Mond* vor ... In Walter muß der Anblick des Augsburger Messers, des Messers der Philippine Welser, zum Unterschied von mir, in welchem es nichts als den Genuß einer ungewöhnlichen Schärfe und hohen Kunst hervorrief, der Schönheit der Elemente entsteigende Phantasien, doch nur Irritierendes, ihn Erschreckendes, unglaublich Erschreckendes ausgelöst haben, ein fürchterliches Entsetzen ...

Sichelmond, in Anspielung auf die Form des Messers

Vor allem beschäftigte uns im Turm unsere Kindheit, die wir mit der Katastrophe verloren hatten ... sie lag für uns hinter einem finsteren Wald von Enttäuschungen, durch den es keinen Rückweg mehr gab ... in unseren Träumen atmeten wir ihre Luft ein, hörten wir ihre Bachgerinnsel ... da waren sie, die naiven Gedankenschwünge, Arabesken* an der furchteinflößenden Außenfassade des Lebens ... uns selbst überlassen, war unsere Kindheit von unseren Eltern durch ihr Wissen und Fühlen *unscheinbar folgerichtig* für uns gelenkt worden ... später von ärztlichen Vorschreibekünsten, väterlichen wie mütterlichen Verzweiflungen ... eine traurige Verwahrlosung alles dessen, worin wir uns zaghaft entwickeln durften, verdunkelte unser letztes gemeinsames Familienjahrzehnt ... um uns und in uns und mit uns zerbröckelte alles, wir konnten es an den Menschen, an den Häusern wie in Gedanken sehen ... anschauen an den von ihren Besitzern schon abgewandten Gebäuden ... Das Gras war bald nicht mehr so frisch, das Getreide nicht mehr so hoch, die Bücher waren auf einmal nicht mehr ganz so unüberwindlich gewesen ... immer weniger oft waren wir aufs Land, immer weniger oft nach Italien, nach München gefahren, kaum mehr zu Verwandten ... nicht mehr an den See ... alles mußte verfallen ... Viele Monate nacheinander waren wir in der Herrengasse verurteilt zu einem mehr und mehr grauen Gemütsleben, das unsere Studien verbitterte ... die Epilepsie verfinsterte uns.

An Hollhof
Geehrter Herr, unsere nur fünfeinhalb Monate dauernden Hochschulstudien waren ein unser Gemüt gleicherweise willkürlich wie radikal unterdrückendes Durchqueren der Leopold-Franzens-Universität* und ihrer Institute am Botanischen Garten gewesen, der tägliche Gang durch ein rundes Jahrtausend unserer faulen Wissenschaftswelt ...

schon das Aufwachen in unserem Elternhaus war uns nichts als Qual gewesen, denn es war in Wirklichkeit ein Aufwachen schon in den hohen und grauen und antwortlosen Gerichtssälen dumpfer Lehrpläne, Weltanschauungen, staubiger Theorien und Philosophien, ein Aufwachen in den stinkenden Laboratorien und Hörsälen unserer düsteren Landeshauptstadt ... ⌜In diesen Monaten hatten wir uns rasch im Auswendiglernen deprimierender Umgangsformen des Pseudogeistes erschöpft, in den ekelerregenden Unterdelirien des Hochschulwesens⌝ ... Wir konnten die Quellen für unsere Musik und für unsere Naturwissenschaft nicht auf dem staatlichen Boden finden, sondern nur in uns selbst ... Das sogenannte *Schulische* wie auch das sogenannte *Höhere Schulische* war uns ja immer verhaßt gewesen, auch unserem Vater verhaßt gewesen ... Mit dem uns vom Staat anbefohlenen, alles Feinere in unseren zur Grobheit ja gar nicht befähigten jungen Gehirnen zerstörenden tagtäglichen Hinuntertrinken des die ganze Welt verseuchenden dicken Gelehrtengiftes, hatten wir unsere Anlagen bald überfordert ... Unsere Universitätszeit war wahrscheinlich unsere schlimmste Zeit, kaum eine Lebenszeit ... denken Sie nur an das wochenlange Durchpflügen und Durcheggen riesiger, von unseren eigenen Professoren verfaßten Schriften und Bücher, in deren üblem Geruch uns das Hören wie Sehen verging ... aus dem uns anbefohlenen Unterstreichen von die ganze ⌜erbänderungs-philosophische Maschinerie⌝ zerstörenden Sätzen bestand diese Schulzeit für mich ... doch waren wir beide immer an unsere von uns selber erfundenen ⌜Wissenschaftsbrückenträger⌝ geklammert ... Mit Walter war es, was das Schulische, Höhere Schulische betrifft, nicht anders gewesen ... einen ganzen Winter lang hatte ich nur ⌜mit dem ›Primärvorgang‹, mit der ›akzessorischen Substanz, die, in Transportform des Chromosoms in erster Linie als sogenannte Hüllsubstanz (Matrix) erscheint‹⌝, zubringen müssen ... und so existieren müssen ... unerhört exakt existieren müssen ... Walter in seiner Zwölftontechnik* ... sobald wir uns aber, einer glorreichen Eingebung Folge leistend, ganz unbekümmert von Hoher Schule und Hohem Schulzwang, allein mit dem uns angeborenen Scharfsinn, auf einmal in Urgestein und in Familie, mit der Vorliebe für das Ausleuchten aller Ritzen unseres finsteren Denkgebäudes mit der Natur gemeinsam in unseren beiden uns verführenden Wissenschaften verändern ließen, ja, auf und davon flogen in hohe, ja höchste Regionen, waren wir über die Berge ... Die Wochentage unserer Universitätszeit waren ein trauriges Beispiel für die den Lähmungsgesetzen der Unterrichtswelt unterworfenen Hochschulmartyrien, denen wir nicht ein einziges Mal entschlüpfen konnten ... Unsere Universitätszeit war so eintönig gewesen wie ihre Methoden, die uns, die wir in allem und jedem das Schöpferische zu lieben und zu erhalten gewohnt waren, zerstören, vernichten mußten ... Aber auch der ⌐Sonntage⌐ unserer Universitätszeit erinnere ich mich nicht gern, auch in ihnen herrschten, vergeblich von uns zurückgedrängt, ihre Wochentage ... wie eine Todeskrankheit beherrschte sie uns ... In der Unfähigkeit, unser Wochentagsmartyrium an den Sonntagen auszuschalten, unterschieden wir uns in nichts von den andern ... anstatt die falschen, die dicken falschen Schriften zu fliehen, *vertieften* wir uns am Sonntag in sie ... nur kurz vor dem Einschlafen, das uns, je älter wir wurden, immer seltener automatisch gelang, auch schon in unserer frühen Kindheit nicht mehr immer automatisch gelungen war, hatten wir beide manchmal die Kraft für einen Spaziergang im Garten, den Inn entlang, durch die Stadt ... Wir kannten nie das athletische Luftschöpfen der meisten Studenten, Hochschüler, jungen Menschen ... wir liebten die scharfe Luft an den Ufern des Inn, die nächtlichen langen ⌐Friedhofsbesuche⌐ ... auf dem Friedhof beim Anatomischen Institut, auf dem Friedhof in Mühlau* ...

Vom österr. Komponisten Arnold Schönberg (1874–1951) entw. Musikrichtung

Nördlicher Stadtteil von Innsbruck

immer waren wir, mit der Zeit, weil von Tag zu Tag, wegen Walters Erkrankung, noch enger zusammen, oft schon auf unerträgliche Weise Körper an Körper gefesselt ... Walters Epilepsie beherrschte uns ... Kein Schritt ohne Walter ... kein Gedanke mehr ohne Walter ... ich bin sein Bruder gewesen, sehr konsequent gewesen, wenn ein Mensch weiß, was das heißt, bis in die finstersten Winkel seines ihn tötenden Kopfes hinein ... Jahrelang war ich nicht mehr allein ... die Universitätszeit eine furchtbare Strafe ... Ende Februar, einen Tag vor den Anfällen unserer Mutter *und* Walters, die beide mehrere Stunden dauerten, betraten wir das ⌈Gebäude in der Angerergasse⌉ für immer zum letzten Male ...

Zwischen Walter und mir herrschte nur noch ein Dämmerzustand, in diesem Dämmerzustand existierten wir nebeneinander wie in und wie gegen die mißbrauchte Vernunft unserer Einverständnisse: *wir gehorchten nur noch* ... Unser beider Verhältnis war nicht ohne Feindschaft ... ja in Wahrheit war die durch uns von Natur aus uns angeborene Abneigung zueinander der Quell unserer Zuneigung, unserer Geschwisterverpflichtung, unserer Versteinerung ... Wir lebten im größten Schwierigkeitsgrad, in welchem zwei Menschen, die schmerzhaft zusammen sind, zu existieren ertragen können ... wir waren uns beide an vielen Tagen so schmerzstillend als nur möglich ... das entkräftete uns mit der Zeit ... die hohe Kunst, uns zu Hilfe zu kommen, hatten wir schon früh wie niemand beherrscht und sie nach der Katastrophe auch noch entwickeln können ... Im Turm waren wir uns plötzlich des Finstersten voll bewußt geworden, in Augenblicken ... des Schwachsinns der Möglichkeiten ... *im Turm* waren wir unser selbst bewußt geworden, da schauten wir uns, zum ersten Male, von außen *und* innen an ... Rhythmisch, zu wenn auch qualvoller Zelebration, verbanden wir uns nach dem Tod

unserer Eltern in ständiger Scheu vor uns selbst, vor den
eigenen Divinationen* ... die von uns zusammen verbrachte Zeit war für uns eine Zeit ohne Schonzeit ... wir
setzten sie immer ohne Lust fort und, als wären wir selbst
unsere eigene Beobachtungsgabe gewesen, apathisch ...
Nur der Physik unterworfen, nicht selbst Harmonie, waren
wir unser Unglück ... In Walter ging dieser Prozeß noch
tiefer vor sich ... Wir waren in Gegensätzen, zum Beispiel:
war *ich* mit meiner Naturwissenschaft beschäftigt, war
Walter von seiner Musik *beherrscht, unterkühlt, über-
hitzt* ... für Walter war alles *aus ihm*, für mich aber war
nicht das allergeringste aus mir ... Das allein wäre Grund
genug für die Abhandlung ›Über uns‹ ... Aber auch nach
der Abhandlung wird, was wir waren, sind, sein werden, in
Finsternis bleiben, alles bleibt immer in Finsternis ... alles
ist immer, *ist nicht* ... unsere Gleichzeitigkeit, Charaktere,
Geometrie ... von unten nach oben, um höher *unten* zu
sein ... Wir lebten ständig, oft inständig, das ist wahr, in
gegenseitiger Körperabneigung ... das Körperliche, exzentrische Körperliche Walters war das exzentrische Körperliche unserer Mutter gewesen, *mir fremd* ... *Mein* Körper-
liches, das unseres Vaters ... Wir haben zeitlebens zwischen uns beiden *vermittelt* ... Durch Walters Krankheit
war unsere Abneigung (zueinander) Zuneigung (gegenein-
ander) geworden ...

In den letzten drei Wochen getrauten wir uns hinaus ...
wagten es aber nicht, uns weiter als nur ein paar Schritte
vom Turm zu entfernen ... Wir unterhielten uns mit dem
Gärtner und mit den Gartenarbeitern, die, weil die Zeit
dafür günstig war, die Apfelbäume beschnitten ... sie gru-
ben ein Stück der unteren Wiese um, besserten die beiden
Böschungen aus ... alle machten ihre Arbeiten gründlich ... die Älteren kannten wir, Neue waren uns vorge-
stellt worden ... um vier, wenn ich wach war, sah ich auch

schon das Licht ihrer Unterkunft auf der ⌜Zirkusseite⌝ ...
Ihre Unterhaltungen betrafen die Arbeit, an welcher sie,
wie ich sah, Freude hatten (sie waren alle von unserem
Onkel gut ausgesucht worden, gut kommandiert), ihre
Verwandtschaften, Liebschaften, Lohnverhältnisse, unerfüllbaren Wünsche ... Da unser Onkel mehr von der Land-
wirtschaft als sie alle zusammen verstand, vertrauten sie
sich ihm von selbst ohne inneren Widerspruch an, gehorchten sie ihm ... mit unserem Onkel kam jeder gut aus ... die
Leute wußten natürlich von der Katastrophe, das hemmte
unseren Umgang mit ihnen ... Die sich noch immer beherr-
schende, schon Farben ansetzende Natur war unser Ge-
sprächsstoff mit ihnen ... sie liebten es, wenn wir sie mit
ihren Vornamen ansprachen, wenn wir uns mit ihren Familien und Sorgen vertraut zeigten ... Die Wirtschaft unseres Onkels war eine der besten im ganzen Inntal und ist es
noch heute, er hat sie, in den beiden letzten Jahrzehnten,
nicht nur erhalten, sogar vergrößern können: wie wir hörten, bauten die Handwerker für ihn in Aldrans, dem Ort
unserer frühesten Kindheit, dem Geburtsort unserer Mutter, ein Forsthaus ... die Wälder um Aldrans gehören
ihm ... für den Sommer plante er einen eigenen Fahrweg
nach Rans* ... Er hat viele Freunde und ist ein geschickter
Tiroler Landespolitiker ... in dem Zeitraum, in welchem er
sein Besitztum verdoppeln konnte, hat unser Vater alles
verloren ... Worüber wir nachdachten, es machte uns traurig ...
Zweimal haben wir im unteren Schuppen mit den Gartenarbeitern zu Mittag gegessen, ihnen ein ganzes Schinken-
bein, zwei Flaschen Wein spendiert ... Walter verlangte danach tagtäglich, daß ich ihn zum Schuppen hinunterführte,
aber die Gartenarbeiter waren nur vier, fünf Tage im Garten, dann wurden sie nach Aldrans abkommandiert ... Der
Alte, der uns in der Frühe die Milch und das Brot vor die
Turmtür stellte, war, außer unserem Onkel, ›der einzige

kleine
Ortschaft
zwischen
Aldrans
und Lans

Mensch‹ ... er war über Sechzig, sah aus wie Achtzig ...
Wir getrauten es uns aber unserem Onkel nicht einzuge-
stehen, wie einsam wir beide im Turm waren, wie groß
schließlich nach fünf, sechs Wochen unser Bedürfnis nach
Menschen geworden war ... Unser Onkel hatte uns ja verboten, den Turm zu verlassen, auch daß wir uns mit den
Arbeitern unterhielten, was wir ja hinter seinem Rücken, in
einer Zeit, in welcher wir sicher waren, nicht von ihm über-
rascht zu werden, taten ... Da wurde uns auf einmal von
ihm eröffnet, daß wir die Mittel, die der zu uns nach Amras
herauskommende Internist beanspruchte, nicht mehr auf-
bringen könnten, und wir mußten zu dem Internisten in
dessen Ordination in der Stadt Innsbruck ... Wir lehnten
den uns von unserem Onkel für die ⌜Internistenbesuche⌝
zur Verfügung gestellten Wagen ab und gingen, so qualvoll
das auch für uns war, immer zu Fuß in die Stadt ... kein
Mensch kann sich vorstellen, was diese Internistenbesuche
für uns bedeuteten ...

An Hollhof
Geehrter Herr, drei Tage vor Walters Tod, der mir alles
verfinstert hat, alles zerstört hat, machten wir unseren letzten Internistenbesuch ... schon früh mit dem Anziehen fertig, waren wir, weil es vorher vier Tage ununterbrochen
geregnet hatte, in unseren Stiefeln, kurz nach drei Uhr aus
dem Haus gegangen, und weil wir fürchteten, an dem über-
hitzten, weil Markt gewesen war, übervölkerten Nachmittag von allen angestarrt zu werden, nicht sofort am Ufer
der Sill auf die Straße ... wir waren aus unserem Garten in
den an ihn angrenzenden Garten gegangen und so, qualvoll
von einem Garten zum andern, wieder und wieder durch
Gärten, durch alle die uns in Wahrheit ⌜verbotenen Apfel-
gärten⌝, durch die endlosen Apfelgärten Wildfremder,
(ugs.) Stöße nicht ohne Gewaltanwendung, unter Püffen* und Flü-
chen ... direkt, ohne Umschweife dann in die Innen-

stadt ... durch die Dreiheiligengasse*, in welcher wir uns, uns immerfort Rügen und Lügen zufügend, ganze Schübe von Irritationen und Depressionen ... bis zum Marktgraben* durchtraktierten, bis in das Internistenhaus ...

In der Finsternis, die dort herrschte, zwischen den Wänden und auf den Treppen, Türschwellen, Sockeln, Fensterbänken, auf den Geländervorsprüngen und -verzierungen, versuchten wir uns zu beruhigen, dadurch zu kräftigen; es spielten sich aber vor allem *da* noch entsetzliche Szenen zwischen uns ab ... es war unser fürchterlichster gemeinsamer Tag ... auf der obersten Treppenstufe mußte ich mir, und zwar völlig erschöpft, Walters Speichel von meinen Kleidern abwischen, denn in der krankhaften Einstellung zu mir und gegen mich, hatte er mich angespuckt ... hatte er versucht, mir einen Schlag ins Gesicht zu versetzen ... auf dem Ihnen schon einmal beschriebenen Epileptikersessel* im Wartezimmer des Internisten war es Walter, durch seine angegriffenen Hirnmassen, durch das schwüle Nachmittagswetter, in einem mich geradezu füsilierenden* Grade unmöglich, mit der Anstrengung des Stiegensteigens fertig zu werden ... Jeder unserer Internistenbesuche war mit diesem entsetzlichen Stiegensteigen verbunden ... auf dem hohen, wie für ihn und seine zuletzt erschütternde Hinfälligkeit konstruierten Epileptikersessel mit den vielen Gurten und Ketten, auf dem auch an den Fußboden angeschraubten, für alle Innsbrucker Epileptischen unter Anweisung des Internisten, wie ich weiß, von einem Höttinger Schlosser zusammengeschweißten Sessel sitzend, an welchem, vornehmlich an den Seiten, die Spuren vieler Verzweifelter deutlich erkennbar waren, erschreckte es ihn, wenn ganz plötzlich die Ordinationstür von innen geöffnet wurde und einem auf den Sesseln Wartenden, nicht immer dem am allerlängsten Wartenden, der Befehl zum Betreten der Ordination erteilt wurde ... Walter wartete immer geduldig, bis ihn das Fräulein aufrief ... Allein der Gedanke,

Straße in Innsbruck

Straße im Innsbrucker Stadtzentrum

Sessel (österr.) Stuhl; hier spezielle Sitzkonstruktion für Epileptiker

die Todesstrafe durch Erschießen vollstreckend

ob ich, durch Schlaflosigkeit schon verunstaltet, mich nun, wie ich glaubte, mit meinem armen Walter im vierten oder doch nur im dritten Stockwerk des Internistenhauses befinde, beschäftigte mich; diese Frage hatte mich jedesmal, wenn ich hier, in den ersten Augenblicken, in dem ersten von mir ja schon wissenschaftlich betriebenen Durchstudieren der Wartezimmerpatienten begriffen war, meinen mehr und mehr hilflosen Bruder schützend, schützend *und stützend*, neben ihm, vielmehr *unter ihm*, erhitzt von dem unerlaubt Philosophischen unserer Verschwisterung, beschäftigt ... und ich errechnete mir mit der Strenge eines solchen Gedankenverfahrens die Anzahl der im Internistenhaus vorhandenen, von mir aus jetzt entweder, je nachdem, aufwärts oder abwärts führenden Treppen, diesen kunstvoll mit ihrer Zeit in Widerspruch stehenden Eisenkonstruktionen, wieder und wieder und ohne die sich im Wartezimmer befindliche, immer von der ›Tiroler Epilepsie‹ in Anspruch genommene, zuerst ja noch wortlose Krankengesellschaft, diese uns dauernd Fallen stellende Menschenansammlung, auch nur einen Augenblick aus den Augen zu lassen ... in schließlich mich irritierender, meinen Körper von innen nach außen erhitzender Weise schrieb ich, wie Zahlen, in meinem Gehirn die Treppen des Internistenhauses untereinander, um sie zusammenzuzählen ... ich multiplizierte und dividierte, währenddessen durch einen ihn beruhigenden, ihn besänftigenden Ausspruch (›Wir gehen dann *ruhig* über die Sillhöfe* heim ...‹) mit Walter verbunden ... ich errechnete mir die Treppenanzahl vom Erdgeschoß in die Höhe, dann wieder von dieser Höhe (von welcher, wie hoher Höhe?) hinunter ins Erdgeschoß, ohne zu einem Abschluß zu kommen ... zuletzt, in der nervenzerstörenden Fahrlässigkeit meines Gehirns, glaubte ich, daß sich die Ordination des Internisten und, wie sich mir nachträglich noch herausstellte, Okkultisten, der sich sogar im Ausland einen Namen gemacht hat, im

Siedlung in Innsbruck an der Sill

vierten, wenn nicht gar im fünften, im sechsten Stockwerk des Internistenhauses befinde ... gehörig nahm ich mir vor, mein immer nur mit dem Seltsamsten, mit dem Verrücktesten kämpfendes Denken anherrschend, bei Verlassen des Internistenhauses einen Blick in die Höhe zu werfen, um festzustellen, in welchem Stockwerk sich der Internist nun wirklich befindet, oder, besser, sagte ich mir, ich zähle beim Hinuntergehen die Treppen, zähle sie *aufmerksam*, noch aufmerksamer, dachte ich, als das letzte Mal, wo ich mich, wie immer, wie nach jedem Internistenbesuch, verzählt hatte ...

An Hollhof
Geehrter Herr, sobald mein Bruder auf dem Epileptikersessel saß, ich, wie zur Strafe, neben ihm, sehr oft in ⌐Hundestellung⌐, beruhigte er sich ... ich berührte ihn an den Knien und an den Schenkeln ... ab und zu schaute ich, ohne daß er es merkte, in sein von der Welt, ja, wie ich wußte, *auch von mir* sträflich bitter allein gelassenes, sich nur noch ins Böse hinein veränderndes Kindergesicht ... jedesmal, ohne Ausnahme, fing ich an, an die Treppen des Internistenhauses, an die verrückte Lage der Ordination des Internisten zu denken ... es war immer für mich das gleiche, überhaupt der Epileptikersessel: Walter seufzte, wenn er darauf saß: ›Da, ja, mein Platz ...!‹ Das sich bei jedem unserer Internistenbesuche wiederholende ›Da, ja, mein Platz!‹ erleichterte ihn ... Wenn wir nach der stundenlangen Tortur des Weges von Amras nach Innsbruck hinein, durch die uns ja schon entfremdete, elternlose Stadt, auf einmal im Wartezimmer waren, das, finster und fensterlos, ohne Lüftungsmöglichkeit, niemandes Furcht beschwichtigte, niemandes Schmerz verringerte, war Walters Platz, der Epileptikersessel, jedesmal frei ... Ich mußte auf Walter *aufpassen* ... Viele sind schon von dem Epileptikersessel heruntergestürzt ...

Walter hatte sich von vornherein gegen das Anbinden, An-
ketten, Fesseln seines Körpers auf dem Epileptikersessel
gewehrt ... als ich einmal den Versuch machte, ihn, weil ich
einen plötzlichen Anfall befürchtete, an den Epileptikersessel zu binden, schlug er mir mit dem Knie ins Gesicht ...
Jede Hilfestellung für Walter schwächte mich ... ⌐Ich
glaube, daß durch unseren, durch meinen und Walters auf
dem beschwerlichen, von Amras zum Internisten führenden Weg mitten durch das brutale Innsbrucker Volk sich
immer schon ein paar hundert Meter vom Internistenhaus
entfernt mit energischer Gewalttätigkeit durchsetzenden
Suggestivwillen: *mein Walter*, und von Walter aus, *ich, ich
muß, so wie immer, auf meinem Epileptikersessel sitzen*,
sich tatsächlich niemand auf den einzigen im Wartezimmer
befindlichen Epileptikersessel zu setzen getraute⌐ ... sobald
ich und mein Bruder, sobald wir beide auf dem Weg durch
die Gärten hinunter sind, gleich wo, ja selbst noch im
Turm, *vor* der Sill, dachte ich, und den Wunsch haben, daß
der Epileptikersessel frei ist, für uns ist, für Walter ist ...
und unsere ganze Kraft, nicht nur Körperkraft, auch meine
Geisteskraft, alle mir verfügbaren Kräfte zusammen, auch
Walters Kräfte, sobald wir beide unsere sämtlichen Kräfte
in diesen Wunsch investieren und diesen Wunsch, in dem
Maße, in welchem wir uns, uns oft *unausdenkbare
Schmerzen* zufügend, nähern, steigern, ja *über*steigern,
sagte ich mir, wird Walters Epileptikersessel frei sein, er
wird *für ihn da sein* ... Wenn wir eintraten, waren die Patienten im Wartezimmer immer schweigsam erschrok-
ken ... danach immer wilder gesprächiger, in der Unkennt-
nis, wie mir schien, ihrer Todeskrankheiten versunken ...
Warum das Haus, eins der sezessionistischen, daher so
trostlos ausschauenden Innsbrucker Innenstadthäuser,
keinen Aufzug hatte wie alle anderen seiner Höhe und seines Alters, wie diese vielen anderen eng zusammenge-
pferchten, die Bergstadt auf die denkbar gründlichste aller

Verzweiflungsgrundlagen herunterdrückenden, von Erker-
vorsprüngen* lächerlich, ja unerträglich gemachten, jeden
in Kürze zu Verbrechen und Unzucht verleitenden und
verführenden Häuser, war mir an diesem Nachmittag
5 unklar ... unklar auch, wie ein Arzt auf die Idee kommen
kann, in einem dritten, vierten, fünften, gar sechsten Stockwerk, in welches kein Aufzug hinaufführt, zu ordinieren,
ein *Epileptikerarzt* ... das zu jeder Tageszeit übervölkerte
Wartezimmer machte alles noch rätselhafter ... an den
10 vier Wänden hingen (hängen), jeweils zwei übereinander,
⌈die von uns so genannten ›Epileptikerbilder‹, Männer,
Frauen, Kinder, Füchse, Katzen, Hunde während furcht-
barer epileptischer Anfälle darstellend ... alle möglichen
Formen der Epilepsie ... eine ganze Reihe der berühmt-
15 berüchtigten ›Inntaler Tier- und Kinderepilepsie‹, gemalt
von Schlorhaufer⌉ ... Wichtig ist, sagte ich mir, das sagte
ich mir ja immer, daß der Internist ein guter Internist
ist ...

An Hollhof

20 Geehrter Herr, als sich mein Walter im Wartezimmer be-
ruhigt hatte, dachte ich an den von mir an demselben Mittag, zwei Stunden vor unserem Internistenbesuch unter-
nommenen Spaziergang zum Zirkus hinunter, zu den Sill-
höfen, Tantegert* usf. ... Ich war mit mehreren von mir am
25 Vormittag geschriebenen Briefen fortgegangen, den ersten
Briefen nach langer Zeit ... in ihnen bedankte ich mich für
die zahllosen Zuschriften, die wir bekommen hatten ...
Mich vor der Zutraulichkeit der mir bekannten Interni-
stenbesucher schützend, deren Aufmerksamkeit wir fast
30 ständig erregten, beobachtete ich, wie die Fliegen die süße
Patientenausdünstung von den Wänden schleckten ... Mir
eine vor uns eingetretene Person, ein, das machte den Anblick so traurig, noch nicht einmal schulentlassenes, aber
schon vom Trübsinn der Fraulichkeit angefallenes Mäd-

Für viele
Innsbrucker
Häuser
typische
Vorbauten

Haltestelle der
Straßenbahn
zum Lanser
See im
Südosten
Innsbrucks

43

chen, stumm vor sich hingrübelnd, mit einem vier
oder fünf Quadratzentimeter großen Parkettbodenaus-
schnitt beschäftigt, wahrscheinlich aber weit fort in einer
Verlassenheit, mit einer Verlassenschaft* ratlos beschäftigt,
einprägend, ging ich, dem in der letzten Zeit (die überall,
wo sich nur denken läßt, nur auf Zerstörung und Tod aus
gewesen ist – unsere ängstliche, furchtsame Welt ist nicht
mehr imstande gewesen, die Zeit und ihr Räderwerk zu
hintergehen ... wo wir hinschauten, scheiterte sie, überall
und in allem und jedem, in den Städten wie auf dem Land,
in dieser Zeit, die die Menschen am liebsten, wäre das möglich, über so lange Strecken von Trostlosigkeit hätten ver-
schlafen wollen), ging ich, dem in den Wochen nach unserer Katastrophe, *vor* Walters Tod, nichts verdrießlicher
und nichts schwerer geworden war als zu atmen, der wochenlang, wenn schlaflos, immer gezwungen war, jeden
Atemzug seiner Lungen zu registrieren, und dem seine
Atemzüge geräuschvoller vorgekommen, unerlaubter gewesen sind als die Atemzüge der andern, als alle unbewußten, alle unbewußten Atemzüge der Jugend und der Gesundheit ... an die nur mir eigene, von mir geradezu mit
wunderbarer Erschütterung vorgenommene Rekonstruktion des sich mir *nur noch entziehenden Nachmittags* ...
ich ging, während ich die Patienten durchschaute, in einer
Entfernung von fünfzehn, von zwanzig Metern, durch
mich klug abgesondert von allen andern, mit Schritten und
mit Gedanken haushaltend, so, wie ich es immer geliebt
habe, allein mit mir selbst auf der von mir nun schon ein
halbes Jahr nicht mehr begangenen Straße, die aus den
Gärten von Amras nach Wilten führt ... gelenkt von Ge-
räuschen und Farben ... ein plötzlich nur noch auf Ab-
schied und Tod eingestellter Mensch, noch nicht zwanzig,
nach vorwärts zögernd, nach rückwärts staunend, mit dem
sich gegen die Erschütterungen und Enttäuschungen erfolglos wehrenden Hang zur Fürsorglichkeit, in der Ge-

wißheit, mit Walter zugrunde gehen zu müssen ... Ich gehe,
sagte ich mir, *auf das Postamt* ... ich gehe, während mich
Walter, von dem bevorstehenden Arztbesuch angegriffen,
vom Turmfenster aus beobachtet, so lange beobachtet, bis
er mich nur noch durch die *Kraft seiner Phantasie* beobachten kann ... Ich gehe unter der Glasglocke unserer
Empfindungen ... sinnloser Versuch, aus der Hoffnungslosigkeit rasch herauszukommen ... mit meinem an der
Finsternis geschulten, an die Finsternis geschweißten Kopf,
aus einem Extrem in das andere ... Konflikte ... immerfort
in *die Tiefe durch Tiefe*, gelenkt von Einbildungs*kraft* ... In
diesem Gedanken verfolgte ich mich eine Zeit ... Um nicht
ersticken zu müssen, kehrte ich plötzlich in diesem Gedanken um ... wie um mein Leben war ich *in diesem* Gedanken
in mich zurückgelaufen ...

An Hollhof
Geehrter Herr, ich schicke Ihnen heute die von Ihnen verlangte Auswahl der von Walter im Turm verfaßten, von
ihm mir verheimlichten, von mir unter unseren Strohsäk-
ken aufgefundenen Schriften.

⌜Zirkus⌝

Seiltänzerin
In ihrer Mitte könnte ich meine Welt aufhalten, wäre ich
nicht von den Wissenschaften verdorben. Ich hätte sie
schon, bevor sie *in Frage* gekommen ist, für meine Theorien gebrauchen, mißbrauchen können, zu Ende führen.
Wozu ihr wie mir der Verstand fehlt ...

Direktor
Der Augenblick sagt, daß der Mensch ein kunstvoller
Mensch ist. Jeder Peitschenhieb des Direktors gegen das

Tier (den Leoparden) erniedrigt die Vorstellung von zwei Verstandes*hälften*. Die siegreiche – da die Natur ein Gesetz ist – weigert sich, der Wahrheit zu Willen zu sein. Wir nehmen *den* Standpunkt ein, den Leopardenstandpunkt.

Ein Buch über alle Wahrnehmungen, die ich im Turm
gemacht habe
Ein Buch über alle Wahrnehmungen, die ich im Turm gemacht habe, müßte natürlich ein Buch über *Alles* sein, über das *ganze Mögliche*. Aus diesem Grund ist es unmöglich, ein Buch über alle Wahrnehmungen, die ich im Turm ge- 1
macht habe, zu verfassen.

Die Tragödie, die Tragödie der Tragödie, die immer nur ein Versuch zur Tragödie gewesen ist.

Die Vorstellung des brennenden Zirkuszeltes im Menschen
Die Vorstellung des brennenden Zirkuszeltes im Menschen 1
läßt in den meisten das Geheul der Löwen und das Reißen der Tigernägel *erheiternd* erscheinen, die Fähigkeit, die Höhepunkte eines Zirkusprogramms in dem menschlichen Gehirn einfach auszuwechseln, Balanceakte gegen Zauberkunststücke auszutauschen, den Dressurakt gegen die 2
Spaßmacherei ...
(Der Tod des Dompteurs ist peinlich, weil der Dompteur nicht unsterblich ist.)

Der Spaßmacher und sein Geselle
Der Augenblick, in welchem der Spaßmacher mit seinem 2
Gesellen auftritt, ist für den Augenblick, nicht für den Spaßmacher und seinen Gesellen, tödlich; aber alle Augenblicke sind für den Spaßmacher und seinen Gesellen tödlich, deshalb kann ich *in diesem Augenblick* Alles *hören*. Zwischen dem Spaßmacher in dem silbrigen und seinem 3
Gesellen in dem roten Kleid zielt alles darauf, die Zu-

schauer (für ihr Geld und *für ihren Verstand*) in Erstaunen zu *versetzen*; Kunststück nur für das menschliche Auge, für das naive Menschengemüt; alles jahrtausendealte *tödliche Tradition*.

Jedes Erstaunliche hat seine Methode, bis wir feststellen, daß das Erstaunliche nicht erstaunlich ist, keine Methode hat. Die besten Plätze, auf welchen die Phantasie spielt. (Es gibt nur Hauptdarsteller der Nebenrollen.)

Der Seiltänzer

Der Seiltänzer ist berühmt, weil er auf dem Seil einen Sprung machen kann, der berühmt ist; wir sehen seinen Sprung schon zum vierten Male, denn ein einziger Sprung wäre allen zu wenig, für die Neugierde *aller* Menschen – auf Wunsch des Direktors macht der Seiltänzer *immer vier* Sprünge, auf den fünften verzichtet er, denn der wäre *schon fehlerhaft*; die Zeit zwischen zwei Vorstellungen reicht gerade *noch* aus, in dem von allen bejubelten Seiltänzer genau so viel Kräfte zu sammeln, als notwendig sind, vier Sprünge ›von solcher verblüffender Präzision‹ zu springen.

An Hollhof

Geehrter Herr, ... auf dem Sessel neben dem Epileptiker-sessel, auf dem Sessel *neben*, war sie geöffnet, *hinter* der Tür, hatten, wie ich bemerkte, die Gesichter gewechselt: war dort die ganze Zeit, scheinbar bewegungsunfähig, ein altes dickes gewesen, so konstatierte ich jetzt, registrierte ich jetzt, wie auch Walter (der aus so viel feineren Wahrnehmungszentren gebildet war) dort, wo es, unmerklich zwar, aber ununterbrochen durch den Türspalt hereinzog, ein junges dünnes ... Von Interesse war mir im Augenblick folgendes: gleichzeitig, also während ich das für mich vollkommen neue junge dünne Gesicht, ein Landgesicht, ein von Generationen von *Beurteilern von Gesichtern* geschaffenes Landgesicht, ein von Millionen von Dienstgeberinnen geschaffenes Hausgehilfinnengesicht, beobachtete, *sah ich mich* ... und zwar immer wieder (jetzt Walters Hand drückend) auf der Straße nach Wilten, mich unter den Apfelbäumen am Rand des Friedhofs, mich an der Mauer des Friedhofs, mich unter der Tür des essenden, trinkenden, mit seiner Frau debattierenden Friedhofswärters ... ich sah mich die Ausfahrt des Sägewerks, das einmal uns gehörte, studieren, das Lärmen der Sägen, den Geruch morschen Holzes ... Während ich das Landgesicht sah, sah ich mich auf dem Hügel, von welchem aus man mit einem einzigen Blick die Stadt Innsbruck, die lähmende, überblickt ... ich sah mich im Wald, ich sah mich auf dem Kartoffelacker ... das junge dünne Gesicht war für mich (während ich mich sah) alle jungen dicken und folglich auch alle jungen dicken und alle alten dünnen und alten dicken Gesichter zusammen, alle Gesichter auf der sich ständig vergrößernden und ständig verkleinernden Welt: alle immerfort gleichzeitig existierenden, immerfort gleichzeitig wechselnden Menschengesichter ... auf meinem Spaziergang ... mit seinen kurzen, alles, nur mich nicht, erfrischenden Regengüssen ... sah mich, mit den Ideen und mit den Ideen von Ideen, den Organen von faulen und konzentrierten Gedanken, Theorien, Prozeduren beschäftigt, mich konfrontierend ... in diesem dampfenden Nachmittag, diesem schwülen, dampfenden, immerfort strömenden Nachmittag ... ein unglaubliches Desertieren** meinerseits, was meinen Bruder betrifft; aus allem und jedem desertierte ich ständig ... ich sah mich in den verrohten Innsbrucker Gassen, immerfort vor den Fleischhauerhäusern, vor den Schriftstellerhäusern, vor den Schauspielerhäusern, vor den Gerichtsanwaltsmenschenhäusern *umkehren* ... immerfort kehrte ich um ... ich sah mich der Handlungsarmut der Stadt, der Handlungsarmut der Welt,

*Davonlaufen, Überlaufen zum Gegner (v.a. im militär. Sinn)

der Handlungsarmut meines Gehirns entfliehen ... und immer und immer wieder, hinter dem Landgesicht, dem Hausgehilfinnen-, dem dünnen jungen Gesicht ... den *Hinter*grund dessen, worauf ich spazierte ... den *Vorder*grund ... ⌐ich spazierte und täuschte mir einen Spaziergang *vor* ... ich war nicht mehr fähig zu einem Spaziergang, ich hatte mir meinen Spaziergang nach Wilten vorgetäuscht, den ganzen Nachmittag vorgetäuscht, mein ganzes Elend, *unser ganzes Elend nur vorgetäuscht* ... ich war in mir selbst mit mir *wie mit mir* wie in einem schlechten Roman vorgegangen ... denn ein vorgetäuschter Spaziergang ist kein Spaziergang, während er doch ein Spaziergang ist ... erscheint nur *als* ein Spaziergang, als der *Spaziergang eines Spaziergangs* ... ich spielte mir also diesen meinen Spaziergang, und zwar den vorgetäuschten Spaziergang eines Spaziergangs, der kein Spaziergang *war*, neben Walter, im Wartezimmer des Internisten, vor⌐ ... neben Walter, der eine Stunde lang warten mußte, bis ihn das Fräulein dann endlich aufrief, widerwillig aufrief ... Und aus einer Entfernung, die für mich die beste war, jede Einzelheit an mir beobachtend, mit rücksichtsloser Verstandesschärfe mich kritisierend, mich lächerlich machend ... ich machte mich lächerlich, ich machte da alles lächerlich, alles (Walters Morgenerschöpfung sogar, Walters Mittagsschlaf, Walters Durchdenturmtappen) ... während ich also neben Walter im Wartezimmer durch die Allee bis nach Wilten lief, manchmal schritt, nicht lief, kroch und schritt, lief und kroch, schritt und lief, machte ich alles nur lächerlich ... am meisten machte ich aber *mich* lächerlich, mich durch mich lächerlich ... verrückt, gemein, künstlich ... in dem verhexten Versuch, die Natur mit der Lächerlichkeit meiner selbst für mich selbst in Einklang zu bringen ... mit meiner auf einmal auch dort wieder ganz philosophischen Vorgangsweise, in der Apfelallee, im Wartezimmer, in meinem Gehirn, im Gehirn des Gehirns ... durch mein Un-

glück, durch unser aller Unglück war ich für solche Gehirn-
möglichkeiten in der Natur trainiert … die Lächerlichkeit,
aus welcher ich mich da laufend und springend, hüpfend
und blitzartig stillstehend, recht oft in einer mich augenblicklich von oben bis unten beschmutzenden Pfütze, in
meinem verrückten Gefühlszustand … durch den Hintergrund wie auch Vordergrund kaum geschützt, aus dem
Hinterhalt meines Gehirns beobachtete, war ja auch die
Lächerlichkeit meiner Darstellung (während welcher ich
dauernd mit dem Hintergrund, mit dem Übergrund wie
auch Untergrund meiner Darstellung korrespondierte …)
wie auch die Beobachtung meiner Darstellung zu beobachten … ⌈Ich war eine ungeheuere Anzahl von Existenzen,
eine ungeheuere Anzahl verheerender, alles bedeutender
Existenz*möglichkeiten* … die gehende und die anscheinend gehende, hüpfende, springende, blitzartig stehenblei-
bende, halb verrückte … ich bin alle existierenden Existenzen zusammen gewesen, *ich bin* gewesen⌉ … ich hatte
mich aber, an diesem letzten mit Walter zusammen ver-
brachten Nachmittag als einen dauernden, mich dauernd
unterbrechenden, meine Leiden unterbrechenden Affekt,
schließlich Effekt beherrscht … alle diese Existenzen, die
Sie sich vorstellen können: mir höchstmögliche ⌈Symme-
triespannung⌉ … das Zerbröckeln dann meiner Begriffs-
welt, als ich, nachdem ich die Briefe aufgegeben hatte, das
Postamt verlassen, die Überlegungen über meine zahllosen
Briefe (Bittbriefe, Bettelbriefe, gemeine Briefe, intelligente
Briefe) abgeschlossen hatte, nach Amras zurückgegangen
war, den kürzesten, den allerkürzesten Weg, durch das
Schwarze des Lemmenwaldes* … ich sah mich noch
(im Wartezimmer des Internisten) Papierfetzen, Gummi,
Zeitungsblätter (ein Stück der TIMES*!), Holzprügel aus
dem Weg schlagen … ⌈ich verfinsterte mich in der konfusen Strömung der Luft, in den Strömungen aus der Unendlichkeit in das Inntal herein. Das fühlte ich: lauter

Westlich von
Amras liegt
das Gut
Lemmenhof

Englische
Tageszeitung

Frühlingsluftzüge ungeheuren Weltverstandes ... die Log-
arithmen* flüchtiger Himmelskörper ... die Makrologie*
der Altersbegriffe ⌐ ... ich sah zugleich mit dem jungen dünnen Patientengesicht alle Patientengesichter zusammen:
alle Patientengesichter, Assistentengesichter, Internisten-
gesichter ... alle Erfindungen und Empfindungen, Begei-
sterungen, Enttäuschungen ... wie in einem Umspannwerk
aller Verzweiflungen sah ich alles ... Mein ganzes Leben
lang habe ich mich aus mir selbst und aus Walter, aus unserer Familie, aus den vielen Generationen unserer Familie
zu befreien versucht, mich durch Körperschliche, Verstan-
desschliche daraus zu befreien versucht, erfolglos ... aus
immer dem einen Chaotischen in ein anderes ... immer
habe ich mit den ⌐Todeskrankheiten Tirols⌐, mit den Todeskrankheiten unserer Familie absterben müssen ... so ist
auch Walter an den vielen Todeskrankheiten Tirols, an den
Todeskrankheiten unserer Familien abgestorben ... für
Walter war immer alles doppelte Qual gewesen, doppelte
Energie, doppelte Überlieferung, Ausschweifung, Todes-
ursache ... wir zwei haben uns beide zeitlebens ungeheuer
im Nachteil befunden ... der Natur in uns immer gehor-
chen müssen ... An diesem Nachmittag hatten sich die
Wände des Wartezimmers so eingeschränkt, daß ich Angst
bekam ... auf *mich* eingeschränkt, *auf uns zwei* eingeschränkt, *auf uns zwei in uns* ... In Walters Gesicht waren
immer nur Traurigkeiten gewesen, das IMMER von seiner
zu hohen Intelligenz hervorgerufen, die ja alles nur flüssig
zu machen brauchte ... ⌐Wir beherrschten beide die Kunst
der Andeutung wie keine andere ... wir haßten, verachteten alles Ausgesprochene, Zuendegeredete ... Wir waren
ja, wie Sie wissen, *Feinde der Prosa*, uns ekelte vor der
geschwätzigen Literatur, vor dem dummen Erzählerischen, vor allem vor dem Geschichtsroman, vor dem Wie-
derkäuen der Daten, historischen Zufälligkeiten, beispielsweise selbst vor Salammbô ... An Geschichten hatten wir

Mathemat.
Funktion bzw.
Rechen-
methode
mit Zahlen
und Variablen

Lehre vom
Großen im
Unterschied
zur Mikro-
logie, der
Lehre vom
Kleinen

51

nie Gefallen gefunden⌐ ... wie in einem Sterbehaus, Leichenhaus hatten sich in Walters Gesicht, und an diesem Nachmittag überdeutlich, die Verstörungen abgelöst, diese Verstörungen der Menschengesichter ... eine von den Wissenschaften ja gar nicht mehr wahrnehmbare Nekromantie* war an diesem Nachmittag, der schon vom ersten Augenblick an *sein letzter Nachmittag* gewesen war, in seinem Gesicht gewesen, in seinem Kindergesicht ... ich hatte die ganze Zeit, unter den vielen Patienten, Stunden, nur an meinen Spaziergang gedacht: Wilten, Sill, Zirkus ... Hunde, Katzen, Tauben, Enten, Fasane, an ⌐die emsigen subalternen* Vorstadtgeschichtemacher⌐ ... dann die Patientenunterhaltung dahinter, gleichzeitig *vor mir*: die religiöse Gleichgewichtsstörung im fünften (oder im sechsten?) Stock ... ich sah die ⌐Schwibbögen⌐ unserer Väter ... *Da* warte ich und *dort* gehe ich ... den Gesetzen des Lebens mich fügend, gehorchend, wohl oder übel der Anziehungskraft der Natur ausgeliefert, durch den Nachmittag, den ich liebe ...

Marginalien:
Beschwörung oder Befragung von Toten und Geistern

untergeordneten

52

⌜›Sätze‹ Walters⌝

Amras, März

Mit mir sind ganz neue Flächen, ganz neue Kreise, ganz neue Rechtecke, mit mir ist eine ganz neue Architektur *geworden*.

Die Lautlosigkeit des Gehirns ...

Die Luft dringt ein und löst auf ...

Das, woraus der Tod *wäre* ...

Alles Rhythmus: denkende Berge, denkende Flüsse ...

Das ganze Leben: ich will nicht ich sein, *Ich* will sein, nicht *ich* sein ...

In der antiken Darstellung stört *das Menschliche*.

... daß ich aufmerksam mache ...

Die Wirklichkeit in den Zwischenräumen der Wahrheit.

Krankheitserreger: philosophische Spitzfindigkeiten des Todes.

Die Toten behandeln wie das Leben. Das Leben wie den Tod.

Ich bin die Grenze, fortlaufend, *der Tod*.

Der Tod ist letzten Endes nur etwas für die höheren Mathematiker.

... *so einfach* ist der Tod.

Ich stehe in einem idealen Verhältnis zu meinem Tod.

Der ideale König. Der Ideale *ist* König.

Die Generation, die nichts mehr bewundert.

Der Kopf, der alles versteht ... *und dann* stirbt.

Ein großer Plan aus Furcht ...

Die Übergänge sind rätselhaft ...

Tägliche Frage: warum bin *ich aus mir?*

In der Logik führen (gerade) die Zusammenhänge zu n(N)ichts.

Einleitungen, Einführungen Geburten: Introduktionen* des Aberglaubens.

Die nachweisbar *außermenschlichen* Krankheiten mitten im Menschen ...

Die Gefühllosigkeit der Natur ... (Fahrenheit, Celsius usf. ...)

⌈Ein Schauspieler⌉

Ein Schauspieler tritt in einem Märchenspiel auf, in dem er die Rolle des bösen Zauberers spielt ... er wird in einen Schafspelz gesteckt und in ein Paar viel zu kurze Schuhe, die ihm die Füße zusammenpressen ... *das sieht niemand* ... er spielt vor Kindern *so* gern, denn sie sind *das dankbarste Publikum* ... Die Kinder, dreihundert, erschrecken *natürlich* bei seinem Auftritt, denn sie sind ganz für das junge Paar eingenommen, das der Zauberer in zwei Tiere (*Kriechsäugetiere*) verwandelt, verzaubert ... Am liebsten würden sie nur das junge Paar, sonst nichts, sehen, aber dann wäre das Spiel kein gutes Spiel, und um ein gutes Spiel, um ein gutes Märchenspiel, handelt es sich ... zu einem richtigen guten Märchenspiel (Spiel) gehört eine böse (bös*artige*), undurchschaubare Gestalt, die das Gute, Durchschaubare zu zerstören oder wenigstens lächerlich zu machen hat (trachtet). Da nun der Vorhang zum zweitenmal aufgeht (und das Spiel seinen Lauf nimmt), sind die Kinder nicht mehr zu halten, sie stürzen aus ihren Sesseln und auf die Bühne, und es ist, als wären es nicht nur dreihundert, sondern dreitausend, als wäre es eine Million ... und obwohl der Schauspieler als Zauberer unter der Maske des Zauberers weint und sie anfleht, sie möchten doch mit ihren Schlägen und Fußtritten aufhören, lassen sie sich nicht beeinflussen und schlagen (mit harten, spitzen Gegenständen, Scheren und Messern) so lange auf ihn ein und trampeln so lange auf ihm herum, bis er sich nicht mehr rührt, bis er *tot ist* ... als die anderen Schauspieler, die hinter der Bühne standen, auf ihren Auftritt wartend, ohne von der Tragödie in diesem Märchenspiel etwas bemerkt zu haben, plötzlich herbeigeeilt kommen und feststellen, daß ihr Mitspieler, ihr bester, der Zauberer, der Schauspieler als Zauberer ist, brechen die Kinder, die ihn getötet haben, in ein ungeheures Gelächter aus, das so groß ist, daß *alle darin* den Verstand verlieren ...

In der Natur stellt die Natur den *Tod in der Zukunft* dar.

Das Natürliche, das Mechanische in der Natur.

Kunst: Leben als Infamie.

Religion *durch* Unendlichkeit, aber ... sowie die Zeitalter
erloschen sind, sind die Religionen erloschen ...

Die Distanz ist die kürzeste.

Öde im Menschen, Öde in der Umwelt des Menschen,
Öde ...

Wo soviel von der Welt in uns zerstört ist.

Die poetischen, die widernatürlichen Tage.

Notizbuch

tausend
Höhenmeter

13. Der Regen macht alles trübsinnig ... Über Tausend* 1
liegt Schnee, es ist kalt, nicht geheizt, aber es ist besser, im
Turm zu sein ... der Hund hat geheult, immer wieder hat
seine Kette gerasselt, ich habe mich nicht an seine hartnäk-
kige Warnung gewöhnen können; als ob jemand über die
Mauer gestiegen und schon unten bei den Äpfeln wäre. 14. 1
Die Gartenarbeiter werfen eine Grube aus, zwei Meter tief,
zwei Meter lang, achtzig Zentimeter breit ... 15. Der Hund
hat das Kind gebissen ... 17. Unser Onkel hat das Eltern-
begräbnis durchsetzen können. Lesen, *Nicht*lesen unserer
Bücher ... Der Hund gehorcht nicht. 18. Beide, weder un- 2
seren Onkel noch den Internisten, verstehe ich ... 19. *Ich,
Walter?* Ein Bruder beobachtet seinen Bruder ständig ...
21. Bei geschlossenem Fenster ist Vorlesen unmöglich. Ein
paar Schritte zum Fenster: *nichts* ... aber die Eltern haben
gerufen ... Das Geistliche an unseren Eltern ... 23. Mein 2
mißglücktes Frühjahr ... Die Zirkusleute besucht, mich
mit ihnen unterhalten, über ihre unehelichen Kinder ge-

sprochen, Kukuruzzubereitung* am offenen Feuer ... den *eingegangenen Leoparden* ... Unsere Äpfel für die Kinder, das Schweineschmalz für die Wunde des Dompteurs ... zehn in einem Wohnwagen in tiefem Schlaf versunken ... ⌜ZIRKUSWINTERQUARTIERE, Novellentitel⌝. 24. Jemand fragt nach mir, ob ich auf der Universität inskribiert* sei, wahrscheinlich der Mann aus der Kanzlei, und mein Bruder sagt ›Selbstverständlich ...‹. 26. Die Angst vor dem Messer der Philippine Welser ... 27. Ein Schwein hat ihm Weinen beigebracht ... (Unserm Onkel). 28. Ein Mensch träumt tatsächlich von einer *Lebensstellung* in der Ziegelfabrik, wie ich jetzt weiß ... Am Nachmittag plötzlich das Bild vor mir, wie mein Bruder und ich im Schlitten zur Kirche gefahren werden, dem Kutscher zurufen, er solle *doppelt so schnell wie das letztemal* fahren. 29. Ich: ein abgeschnittener Schwanz als Symbol für die Treue? Er: wessen Schwanz nicht ... Es interessiert mich nichts mehr, denn ich weiß, was Interesse ist, ich *habe kein Interesse* mehr ... Ist mit neunzehn möglich, was nur mit achtzig? Wenn jeder Tag, wenn auch verschieden, doch gleich, gleich lang ist ... 30. Unser in der Herrengasse 6 abgeschlossenes Leben, unsere zwei in der Herrengasse 6 abgeschlossenen, abgebrochenen Existenzen. 4. Warum Eltern? Kinder ... Gestern gleich zwei Anfälle hintereinander. Wahrscheinlich sagen den Eltern die Kinder nichts, die Kinder den Eltern nichts. 5. Die primitive Unsterblichkeit, was für eine Unsterblichkeit sonst ...? Oder: in einem Eisklumpen durch die Welt ... 6. Sie haben den Hund vergiftet. Ein Eisenbahnschäffner mit dem Gehirn ⌜Montaignes⌝? 7. *Dein* Scharfsinn, der *dort* triumphiert. 12. Der Hund ist in was für einer Beziehung *der Hund unseres Onkels?* ⌜Dark night, that from the eye his function takes⌝ ... 13. Ein Bruder ist ein dauernder Spielverderber. 17. Der Tod beißt ganz einfach in *meine Seele* und läßt *mich* liegen. Auf dem Heimweg vom Internisten, im Wald unten, warte ich im-

(österr.) Maiszubereitung

als Student eingeschrieben

57

mer darauf, angerufen zu werden, ich weiß, daß es etwas Böses ist, das mich anruft. Nicht fragen.

An Hollhof
Geehrter Herr, Ihrer Anfrage kann ich mich nicht entziehen: *ich sah* die Unordnung in unserm uns von unserem Onkel zur Verfügung gestellten Turm, ich schaute hinein in die Schwarze Küche, während ich doch auf die halbgeöffnete Ordinationstür des Internisten schaute ... in den Turm, in welchem die chaotischen Verhältnisse eines *bis in den Tod* aneinandergeketteten, von Wissenschaften und Träumen verzogenen, von den Eltern verlassenen Brüderpaares zwischen Bergen von Büchern und Hoffnungslosigkeit herrschten ... Ich hatte an *diesem* unserem letzten gemeinsamen Nachmittag das Gefühl, daß mir mein Walter mißtraute ... Am Vortag war er von seinem Sessel am Turmfenster kopfüber heruntergestürzt und zwei Stunden bewußtlos geblieben ... Wir hatten dann, in der Nacht, beschlossen, nicht erst an dem vorgesehenen Dienstag, sondern schon am Freitag, also gleich am nächsten Tag, zum Internisten zu gehen ... Zeitweise stellte ich eine tatsächliche *tödliche Ruhe um Walter fest* ... Ich war von dieser tödlichen Ruhe (um Walter) erschrocken ... bis dann dem Internisten hinter der Ordinationstür wahrscheinlich das Hörrohr hinunterfiel ... Die Untersuchung hatte wie die vorhergegangenen siebenundzwanzig (während unserer Turmzeit) ›nichts Beunruhigendes‹ (laut Internist) ergeben ... An *diesem* Nachmittag brachte uns unser Onkel in seinem Wagen in den Turm zurück ... nachdem er fort war, legte sich Walter nieder, ich ging, weil ich es nicht mehr aushielt im Turm, in den Garten, sofort zu den Zirkusleuten ... Nach einer Stunde kam ich (um uns das Nachtmahl zu richten) zurück und fand Walter, nachdem ich ihn längere Zeit nicht gefunden hatte, mit zerschmettertem Kopf *unter mir*, gerade *unter dem offenen*

Turmfenster liegend; ich lief erst um zwei Uhr früh in die Wirtschaft* hinüber, um mitzuteilen, was plötzlich geschehen war ...

hier: Wirtschaftsgebäude

An Hollhof

Geehrter Herr, mein Bruder ist, schon die zweite Woche, im Gerichtsmedizinischen Institut Objekt von Vermutungen. Die Leiche soll noch einmal, nachdem sie schon freigegeben war, von zwei der drei Innsbrucker Prosektoren* (nicht von H.) untersucht, kontrolliert werden ...

Ärzte, die Leichen sezieren

Ein Unfall, aber auch ein *An*fall ist ausgeschlossen ... Wenn Sie mir die Uhr, die mein Vater Ihnen, ich glaube in Mantua*, geschenkt hat, überlassen wollen ... Ein Besuch meinerseits in Meran ist nicht möglich.

Stadt in Italien

An Hollhof

Geehrter Herr, es handelt sich, jetzt auch offiziell, um Selbstmord; es existiert eine diesbezügliche kurze Notiz in einem Notizbuch Walters, das ich gestern gefunden habe; ich denke daran, Ihnen auch dieses Notizbuch sowie die Hefte, die mein Bruder von seinem dreizehnten Lebensjahr an, noch ein letztes im Turm, beschrieben hat, für Ihre Zwecke zu überlassen. Ich bin nur noch kurze Zeit im Turm.

An Hollhof

Geehrter Herr, ⌐das Begräbnis meines Bruders ist schließlich doch, gegen den Willen der Innsbrucker Kirchenbehörde, durchgesetzt worden⌐; es fand am 29., vier Uhr früh, statt; außer meinem Onkel, einer mir unbekannten, aber nach ihren Angaben mit unserem Vater eng befreundeten Dame und den Friedhofshilfskräften war niemand anwesend ... nicht die geringste Geistlichkeit. Mein Onkel hat mich sofort nach Aldrans gebracht, wo er ein großes Stück Wald und ein erst im Sommer gebautes Forsthaus besitzt und wo ich ihm, wie ich glaube, nützlich sein kann. Es genügt, wenn Sie ›Forsthaus in Aldrans‹, sonst nichts, adressieren.

In Aldrans

⌐Am Abend kommt der Holzfäller herunter; zuerst glaubte
ich, ein Tier ..., dann aber ganz deutlich, ein Tier, das ein
Mensch ist, dieser Mensch, der der Holzfäller ist und der
sich vor mir versteckt, als ob er ein Tier *wäre* ... ich selber
habe mich versteckt, ihn beobachtet, gehorcht: er macht
drei, vier Schritte nach links, dann nach rechts, aber ich
kann nichts sehen als seinen Schatten, der einmal *unten*
und einmal *oben* ist; wenn er springt, springe ich auch,
wenn er hinter dem Baum hervorschaut, habe ich meinen
Kopf schon zurückgezogen⌐ ...

Was sind das für Leute (das Fräulein), die im Gutshof wohnen? fragen die, die nicht im Gutshof wohnen, und die im
Gutshof wohnen und durch den Wald gehen und Gama-
schen* (!) anhaben, fragen sich: was sind das für *Menschen*,
die *nicht* im Gutshof wohnen? Die einen treffen die andern
immer hinter dem Friedhof, sie wissen nicht, wie sie sich
grüßen sollen, *ob* sie sich grüßen sollen, denn jeder Gruß
erscheint ihnen lächerlich ... als gehörten die, die im Gutshof wohnen, und die, die nicht im Gutshof wohnen, verschiedenen Erdkörpern an ... der, der Gamaschen anhat,
und der, der keine Gamaschen anhat, nimmt für sich in
Anspruch, in einer dem andern vollkommen fremden Welt
zu sein, aus anderm Geist zu sein ... weiter zu sein, als nur
zu existieren ... diese Nachmittage sind für die, die sie täglich durchstapfen, einer der großen Irrtümer aller.

> * Überzug für Schuhe u. Hosenbeine zum Schutz vor Nässe, Schmutz u. ä.

Im Grund existiert nur, was uns gequält hat und was uns
quält, existiert nur, was uns immerfort quält (für uns); was
uns verführt hat, wer uns verführt hat ... alles andere, jeder
andere hat, für uns, nie existiert ... kein Mensch, der mich
kein einziges Mal gequält hätte *und* verführt hätte ... Je
größer die Qual, die mir (von ihm) zugefügt worden ist,

desto größer usf. ... Unsere Mutter verursachte uns unsere größte Qual, *ihre* größten Qualen, nichts als unausgesetzte Qualen bis in die kleinen und kleinsten Einzelheiten hinein ... genau vorausberechnete (von ihr vorausberechnete) Qualen ...

Halblanger Winterüber-rock aus Loden

Im Schladminger* bis zu den Lärchen hinauf, bis auf die Baumgrenze; ein ersticktes Rehrudel unter der Lawine; sofort erinnerte ich mich an das fürchterliche Getöse nach Mitternacht.

⌐Der Schatten Walters, der mir die Geschwindigkeit, die seine Gestalt zurücklegt, erklärt, sein Gesicht, das *schon entschwindende* ... seinen Körper, den nur noch in seinen qualvollen, mühevollen *Bewegungsversuchen* (Walter) vorhandenen ... Er kommt in den Turm und stürzt gleich ans Fenster ... seine Gestalt, die dann lauter Gestalten zurückläßt, er, der mit keiner dieser Gestalten mehr übereinstimmt ... Es gibt aber keine erste und keine letzte Gestalt des Bruders ... keinen Bruder ... Walter *ist*. Wo hast du das schon gehört? Gedacht? Daß hunderttausend, Millionen, Milliarden Gestalten ... der Tod unterbricht ja nicht ... Mein Verhältnis zu Walter *jetzt*: er zieht hundertfach seinen Rock aus, geht hundertfach in die Schwarze Küche, liegt auf dem Strohsack ... fürchtet sich vor dem Augsburger Messer, hundertfach ... aber nicht hundertfach wie *ihr ewig* ... In Aldrans hängt alles mit Walter zusammen⌐.

Das Wort ⌐Krähen⌐ und das Aufschreien der Krähen und das Niederstürzen der Krähen und das Schwarz der Krähen sind alles, was du empfindest ... Das Wort Krähen ist die vergangenen und die zukünftigen, die gegenwärtigen Jahreszeiten ... Das Wort Krähen macht, wie das Niederstürzen der Krähen usf., alles möglich, unmöglich usf. ... Tagelang macht das Wort Krähen (auch im Schlaf, der ein Halbschlaf ist) alles zunichte, richtet es alles zugrunde, löscht es *um dich herum* alles aus.

Ein Sarg wird vorbeigetragen: der Pfarrer geht hinter dem Sarg, die Schwester des Toten geht hinter dem Sarg (hinter dem Toten), die Braut des Toten, die Kinder des Toten, die *entfernter* Verwandten des Toten, den sie im Sarg *vermuten*, dann die Musik.

Unser Jahr in Folkestone* mit seinen monatlichen Besuchen in London ist unser schönstes gewesen, wie sich jetzt zeigt; das Studium einer *höheren Unklarheit* ...

Hafenstadt im Süden von England

Aldrans 7. XI.

Lieber Onkel, ich habe, nachdem Du mich nach Aldrans gebracht hast und so rasch wieder fort bist, vier Tage gebraucht, um mich an mich, an mich, der ich bin, zu gewöhnen, an mich, der ich jetzt ohne Walter bin, ohne Walter immer gewesen bin; ich habe nur immer geglaubt, allein zu sein, ich bin nie allein gewesen ... erst jetzt bin ich wirklich allein ...

Das Haus läßt sich, seltsamerweise, da es doch erst ein paar Monate alt ist, von oben bis unten gut heizen; ich mache mir alles selbst; durch die Handarbeit komme ich *einfach* zu mir zurück, auf einmal verstehen mich meine Gedanken ... Mein Essen, meine Kleider, alles ist meine Sache ...

Deine Leute sind zutraulich, aber gehen mir doch aus dem Weg, es ist jetzt für sie doch etwas an mir, vor dem sie sich fürchten. Vielleicht machen sie mir jetzt Vorwürfe ... sie sind alle gut, ich beobachte sie, wie sie arbeiten, essen, sich unterhalten, vor allem beobachte ich ihr Verhältnis zu Dir, zu ihrem in letzter Zeit, wie sie sagen, selten zu ihnen kommenden Herrn; ich glaube, es ist ein gutes Verhältnis.

⌐Höre: der älteste und der jüngste Deiner Holzfäller schlafen, nicht nur in der Nacht, miteinander⌐ ... es ist *nicht widernatürlich* (ja, wie die Natur widernatürlich), nein, aber da doch noch andere in dem Schlafsaal sind, glaube ich, solltest Du den Alten doch zu den Lärchen hinauf versetzen ...

Das Kartenspiel lenkt mich ab, die vielen verschiedenen Möglichkeiten des Kartenspiels, des schönsten Menschenspiels, es verschafft mir eine, wenn auch auf die Dauer gefährliche Ruhe.

Meine Berechnungen, was die geschlagenen Hölzer betrifft, stimmen alle ... Mich freut meine neue Beschäftigung ... Die Müdigkeit, die mich jetzt schon um acht, um halb neun mit den andern ins Bett fallen läßt, ist nicht die Müdigkeit meiner letzten Jahre ... Hollhof interessiert sich auch weiter für uns, ich schreibe ihm aber kaum Nützliches, und auch das nur aus der Verpflichtung heraus, die ich habe, weil er ein Freund unsres Vaters gewesen ist ...

Es ist oft zum Angsthaben still im Forsthaus. Noch weit davon entfernt, die für mich *neue Natur* zu studieren, fange ich an, Entdeckungen meiner Kindheit, die längst vergessen sind (z.B. die Geometrie der Kristalle), wieder zu machen ... An Lektüre fehlt mir das Buch ›Über Urgestein‹ von Bergonzi*; mit Seume* will ich mich gern beschäftigen, habe Lust, ›Moby Dick‹*, den Descartes* zu lesen ... Bring, wenn Du heraufkommst, zwei Kisten Bier, ein Liter Petroleum und ein Vorhangschloß für den Schuppen mit.

⌐Das Bewußtsein, daß du nichts bist als Fragmente, daß kurze und längere und längste Zeiten nichts als Fragmente sind ... daß die Dauer von Städten und Ländern nichts als Fragmente sind ... und die Erde Fragment ... daß die *ganze Entwicklung* Fragment ist ... die Vollkommenheit nicht ist ... daß die Fragmente entstanden sind und entstehen ... kein Weg, nur Ankünfte ... daß das Ende ohne Bewußtsein ist ... daß dann nichts ohne dich und daß folglich nichts ist ...⌐

Die Menschen, die sterben, ohne ihre Krankheit gekannt zu haben, ihre Todeskrankheiten ... Walters Krankheit, die Krankheit unserer Mutter ... das unsere ›Tiroler Epilepsie‹ umgebende Rätsel ... niemand nimmt seine Todeserkrankung wahr ... das Leben wäre dann unerträglich, nicht mehr eine ⌐Oenothera Lamarckiana⌐.
... alles eine Frage allerkürzester Zeit, nicht des Temperaments ... in dem: ich kann mich erinnern, bin ich gescheitert, damals wie heute.

⌐*Grandissimi fiumi corran sotto terra*⌐

In der Herrengasse ⌐das Zimmer, in dem die Theaterkostüme aufgehängt waren: Pantalone, Columbine ... Unsere Tragödien, *Lust*spiele, *Schau*spiele⌐ ... bayrisch-italienische ... wie gern wäre ich auf dem Dachboden bei den Kostümen, aber es ist mir verboten, ›unser‹ Haus zu betreten ... Unser Onkel hat es ›aus gutem Grund‹ nicht ersteigert ...

Als hätten allein die Holzfäller ein Recht auf die Landschaft ... ich hätte kein Recht darauf ... Wenn ich ihnen sagte, wozu ich gar nicht imstande bin ... *überhaupt kein Recht*, wie?

... wenn ich *von mir aus* von ihnen abgehe ...

Der Vater, ein unglücklicher Mensch wie die Mutter, nur durch die Mutter; durch die Mutter dann die Familie ... als Meran noch die Hauptstadt war, könnte ich sagen ... Handel, akademische Grade, eine gewisse weltliche Kirchenfürstlichkeit ... im Umgang mit Menschen *spendabel groß-*

inquisitorisch ... Kutschen, Reitpferde, Jagden mit dem Primas Germaniae* ... die vielen Künstler im Sommer zu Hause, die vor uns immer verachteten ... *Die Künstler, die Erbärmlichen* (Vater) ... Exzesse, Bruch mit der Kirche, Krieg ... ⌜in Zusammenhang mit den Großvätern die Namen Cattaro, Solferino, Pontebba, Venedig, Riva, Monte Cimone⌝ ... Der Vater gebrauchte oft das Wort London; Paris haßte er ... ›Das Unglück, in das wir hineingestürzt *worden sind*‹ (Vater).

Alles auf ein paar Grabsprüche auf dem Wiltener Friedhof zusammengeschrumpft.

⌜*La vita bene spesa lunga è*⌝

Aldrans 18. XI.

Lieber Onkel, ich habe heute vom Internisten eine Rechnung über fünfundvierzigtausend Schilling* bekommen, die nachzuprüfen, dann aus dem Flirsch*-Konto zu liquidieren ich Dich ... wie auch um den richtigen Namen der Dame, die beim Begräbnis Walters gewesen ist und die Du, wie Du sagst, noch aus Padua kennst, herzlich bitte ...

An ganz gewöhnlichen Tagen ließ unser Vater einspannen ... in dem für den Winter umgebauten Landauer* über den zugefrorenen Achensee* ... die Rösser haben sich kaum an der Eisfläche einhaken können ... manchmal wache ich auf, denn ich hatte stundenlang das Hämmern ihrer zuerst hilflosen, dann plötzlich rasenden starken Hufe im Ohr ...

›Wenn man sich auch noch Köchin und Hausmeister und Gärtner und eine zweiundzwanzig Jahre lang kranke Frau leisten kann ...‹ (Lugger).

Heimlich, dachte ich schon in der frühesten Kindheit, gehe ich aus der Welt ... ganz allein bin ich von ihnen allen übriggeblieben.

Ich hätte auch eine ganz andere Entwicklung nehmen können ohne Walter ... Es stimmt nicht, wenn ich *dort* bin, es stimmt auch nicht, wenn ich *da* bin ... Mit dem Überschreiten der (unsichtbaren) Grenze ist immer alles verloren ... Weil ich *dann doch* Partei ergreife ...

*Herrn L. T. in Rum**

Verehrter Herr, in Ihrem, unserer Verlassenschaft in der Innsbrucker Herrengasse 6 entstammenden Besitz befinden sich auch mehrere Klavierauszüge meines verstorbenen Bruders Walter, wie ich weiß auch solche mit dem Namenszug Michael Haydns*, vor allem eine mir wertvollste des ›Titus‹ von Mozart*; auch ein Exemplar der ›Zaide‹*. Vor allem bin ich an der Wiedererwerbung unserer Hofhaymer*-Ausgabe interessiert, und ich bitte Sie, mir anzudeuten, auf welcher Grundlage eine Verhandlung zwischen uns, die genannten wie die anderen Stücke aus der Ihnen vom Bezirksgericht übergebenen Sammlung meines Bruders betreffend, in Betracht kommt ...

Auf dem Weg ins Forsthaus zurück fällt mir ein, wie gut es ist, gar kein Recht mehr zu haben ... so gehe ich längere Zeit in diesem Gedanken im Kreis.

Wie den Wilddieb von voriger Woche schauen mich alle an; als Kinder ist für uns das Unheimlichste wohl ein Mensch gewesen, von dem gesagt worden ist, er wäre ein Wilddieb, ein Wilderer.

Endlich, denkst du, endlich – gleich darauf (nach zwei Stunden *völliger* Einsamkeit); einen Knienden darfst du nicht ansprechen ... und gehst weiter ...

Ort östlich von Innsbruck

Johann Michael Haydn (1737–1806): österr. Musiker, Bruder Joseph Haydns (1732–1809)

Oper des österr. Komponisten Wolfgang Amadeus Mozart (1756–1791)

Singspiel von W. A. Mozart

Paul Hofhaymer (1459–1537): Salzburger Komponist und Organist

67

Aldrans 27. XI.

Lieber Onkel, O. ist um vier Uhr hinauf zu den Lärchen, nicht einmal unwillig, er weiß nicht, warum Du ihn versetzt hast ... der Junge begreift nicht ... seine Verletzung, das Geschwür, bricht ihm, weil wir jetzt mit dem Holz so angestrengt sind, täglich auf ... Gestern an der Waage eine größere Reparatur, die wir selber gemacht haben ... der Bach ist zu, und ich kann ohne Umweg über das E-Werk* zum Futter: zwei, immer dieselben Hirschkühe ... Unser Prozeß vor dem Innsbrucker Jugendgericht soll jetzt allein gegen mich vonstatten gehn, nicht vor dem Frühjahr ...

Elektrizitäts-Werk

In Hall soll eine Frau vor Gericht gesagt haben, daß sie mit uns verwandt sei, und etliches Unwahres über uns protokolliert haben.

Als Kind an einem einzigen Tag drei Dutzend erfrorener Rehe in einer Mulde zusammengeschleift, mit Reisig zugedeckt ... mich weinend und frierend zu den toten Tierkörpern gelegt, ohne zu erfrieren ...

Die Wunde, die der alte Holzfäller dem jungen zugefügt hat, schmerzt den jungen immer dann am ›furchtbarsten‹, wenn der alte bei dem jungen *in Wirklichkeit* eintritt, in sein Gehirn eintritt, in den nach allen Seiten offenen Vorhof seines Gehirns.

Der Bach ist zu, der Frühling ist zu, der Sommer ist zu, der Winter ist zu, Menschen, Tiere, Empfindungen, alles ... das gesprochene Wort, das die Welt einfach abschließt.

Du machst eine Tür auf, eine zweite, dritte, vierte, fünfte, du machst hinter dir wieder alle zu und läufst weiter (immer wiederkehrende Vorstellung Walters) ... du machst immer mehr Türen auf, schließlich *fallen* sie hinter dir zu und zerquetschen dich jedesmal ...

⌈*Batteranno il grano*⌉

Auf dem Milchtisch* vor der Abzweigung in die Stadt hinein hockt der Holzfäller, besoffen eingeschlafen ... er hat
sich also von den Lärchen heruntergetraut ... ich führe ihn
wieder den halben Weg zu den Lärchen hinauf ... Das
Blochziehen* habe aus ihm einen Krüppel gemacht, sagt
er.

Holzgestell für
Milcheimer

(süddt.,
österr.) Ziehen,
Transport von
Holzstämmen

Langandauernder Anblick der toten Krähe vor meinem
Fenster.

Ein zurückschnellender Ast erschreckt dich ... tagelang an
der Stelle Schmerzen, die für dich die tödliche ist.

Die ›Tiroler Nachrichten‹ schreiben: ›... die im vergangenen Winter Selbstmord begangen haben ... *an*gesehen gewesen sind ... überführt worden sind ... Gläubiger ... Exzesse ... Luxus ... *gescheite* Söhne ... der an der Epilepsie
seiner Mutter zugrunde gegangene ...‹ usf. ›... der in naturwissenschaftlichen Fächern an der Universität inskribiert war ...‹ (noch ist).

Das Gebirge ist gegen die Menschen; die Grausamkeit, mit
der die hohen Gebirge die Menschen erdrücken ... *die Methoden des Grauens* des in die Gehirne der Menschen vor-
gerückten Gesteins.

Kein Alibi, ⌈wenn du dich wie sie einmummst,⌉ ihre Röcke
anziehst, ihre Hosen, ihre Hüte aufsetzt ... Fäustlinge,
Haube ... ihren Gang dir angewöhnst ... sie verwickeln
dich dauernd in Widersprüche ...

Jedes Jahr ein Mensch, der im Bach ertrunken ist, dessen
Röhrenstiefel aus dem Wasser heraus*ragen*.

Ausgebrannt, erfroren, mit dem an den Himmel geschweißten Kopf, verurteilt, zu gehen ...

›Ach‹, sagt das Fräulein, ›gehen wir doch auf einen Sprung in den Friedhof hinein, sind wir nicht letzten Dienstag auch auf dem Friedhof gewesen?... zu den Onkelfamiliengräbern‹... Wir gehen durchs Tor und schwenken dann links zu den Gräbern ab, sie sagt: ›Ich habe schon immer Lust gehabt, auf den Friedhof zu gehn.‹ Mit ihrer Großmutter war sie immer auf allen ›erreichbaren‹ Friedhöfen ... Ihre Großmutter ist Schauspielerin, Frau eines Großwildjägers, Afrikaforschers gewesen ... Wir sagen beide die zwei Stunden lang, die wir auf dem Friedhof mit dem Herunterlesen von Namen verbringen, nichts ... dann, als wir schon auf dem Weg zum Gutshof sind: ›Wenn ich hier stürbe, stellen Sie sich vor, wenn ich *hier* stürbe ...‹ Also, wenn sie achthundert Kilometer von zu Hause fort *stürbe* ...

Herrn L. T. in Rum
Ihr Brief hat meine schönste Hoffnung zerstört; also sind, da Sie einer der furchtbaren, grausamen Liebhaber alter Musikmanuskripte sind, die ›in jeder Beziehung unbezahlbaren Stücke‹ für mich verloren.

Kein anderer Weg mehr als der Weg auf den Friedhof; mit oder ohne Buch in der Hand ... Ich denke: *die tiefe Bedeutung der Friedhöfe* und der *Welt außerhalb der Friedhöfe*; das Zahllose toter Menschen ... die vielen aufgebahrten Jungmädchenkrankheiten ... toten Knaben, Männer, Opfer der Leukämie* ... an die Berührung der schwarzen Lippen des blauen Knaben im Schlafzimmer unseres Gärtners ... das Aufsehen, das der aus dem Leichenglaswagen stürzende Leichnam des verstorbenen Totengräbers gemacht hat ... das plötzliche Versickern und Versiegen der

Überproduktion weißer Blutkörperchen, Sauerstoffarmut des Blutes oberflächlichen Redensarten ... der Friedhof, auch Walters Lieblingsaufenthalt in der Kindheit ... das Summen der Bienen auf dem Friedhof, Aufeinanderprallen der Fliegen in der Aufbahrungshallenluft ... der Brunnen, der immerfort fließt, und die Kränze, die immerfort welken ...

Ein Stück zu den Lärchen hinauf mit dem Fremden; als lockte er mich in eine mir neue, *geheimnisvolle* Falle hinein: das aufwärts gehende Nebeneinander von seinem Gesicht und *mir* ... mit der plötzlichen Stimme, die nicht in den Körper paßte ... und die Vorstellung, der Mann hat unter dem Schafspelz nichts an ...

... die meisten wünschen sich einen plötzlichen, überraschenden, *sie* überraschenden, schmerzlosen Tod ... Ende aller Exzesse ...

Was tust du, wenn du, der du erniedrigt bist, stirbst ...

Von den Toten bleibt oft nur ihr in der Nase beißender, uns nahe verwandter Uringeruch ... der Uringeruch der Männer im Forsthaus erinnert mich an bestimmte Tote der Kindheit ... an die durch sie hervorgerufene Landschaft ... die steilen Hänge, in der Nacht von Raubtiertatzen des Föhns verunstaltet.

Der Wegmacher* wird auf der Straße tot aufgefunden, ... sie tragen ihn ins Vorhaus und legen ihn dann auf sein Bett; ich helfe mit, ihn auszuziehen, zu waschen, wieder anzuziehn ... eine große Puppe, die einen Lederanzug anhat ... Lederröhrenstiefel im Kerzenlicht ... das glasige Gesicht des Wegmachers ... neben seinem Totenbett trinken wir, die beiden Holzfäller und ich, *seinen* Schnaps aus; ich trinke zwei Gläser, dann fällt mir das Blut aus seinem linken Ohr auf ... Ein lange warmer Leichnam; wir essen Speckstücke zum Schnaps; draußen vor der Tür fragt der

alte Berufsbezeichnung des Straßenbauarbeiters

Pfarrer, ob der Wegmacher schon *gewaschen* sei; ich sage: ›Ja, der Wegmacher ist gewaschen, *wir* haben ihn gewaschen …‹ – ›Gut‹, sagt der Pfarrer und geht hinein; die zwei frierenden Ministranten falten dem Wegmacher die Hände.

Fortwährend in die Erinnerung, in die Erinnerung der Erinnerung verführt.

Geruch, Gang; langsam wird *er* zum Außenseiter … der junge Holzfäller, der bald der alte Holzfäller *ist* … Holzfäller, Erbstücke rechenkundiger Generationen … es sei ihm ›plötzlich im Fuß warm geworden …‹ Die Verletzung heilt nicht; Aldrans ist weit entfernt von der medizinischen Wissenschaft; eine Blutvergiftung ohne die geringste ärztliche Kunst … aber jeder kann, wenn er sich getraut, in das Bein hineinschneiden und das Blut herausfließen lassen … der durch Aldrans Gehende sieht keine Holzfäller, nur Holzfäller*anzüge*, Holzfäller*hauben*, Holzfäller*fäustlinge*, Holzfäller*fußstapfen* …

Im Halbschlaf die Gartenarbeiter gesehen, die Walter (›Der schöne tote Mensch‹ [L.]) in die Wirtschaft hinübertragen, wie sie, unter den Apfelbäumen, den Leichnam *schultern* … die Zirkusleute waren am Gartenzaun niedergekniet …

Ich gehe voraus, ich versuche, dem Fräulein das Gestrüpp im Wald auseinanderzuhalten … sie ist ganz zerkratzt … zieht mich am Rockärmel aus dem *Jung*wald heraus und stößt mich unter die Fichtenstämme hinein … Ich will ihr nach, sie läuft aber im Zickzack … *Ich* verstecke mich, *sie* versteckt sich … *Ich* rufe, *sie* meldet sich nicht, *sie* ruft, *ich* melde mich nicht … Im Gutshof zeigt sie mir ihr Zimmer … das ganze große Haus warm … ich denke über ihre

Erziehung nach … Gutshofvergangenheit, Gutshofgerü-
che, Pferdegerüche, Apfelgeruch wie im Turm … sie gebraucht ein spöttisches *Sie* gegen mich; zu ihrem Vater im
Vorhaus sagt sie: ›*Er* (ich) hat sich am Knie verletzt, im
Jungwald‹; sie fürchtet sich jedesmal, das Wort ›Türken-
schanzpark‹* auszusprechen … sie ist, wie sie sagt, ›im Tür-
kenschanzpark aufgewachsen‹ … Fortwährend sagt sie:
›schade um den Vormittag … schade um den Nachmittag … schade um den angebrochenen Abend …‹ Einmal,
im Vorhaus: ›Die Masse verdummt *unglaublich* …‹ – ›Wie
war denn Ihr Bruder?‹ zweimal, ›Ihre Mutter, *die Arme*‹,
dreimal; sie *langweilt sich in der Natur.*

Langsam strömen auch meine Kleider den für Aldrans charakteristischen Geruch aus, meine Schuhe usf. …
Der auffallendste Fremdkörper in Aldrans bin außer mir
ich; man sieht mir nicht an, *wer* ich bin, *was* ich bin, *wie* ich
bin … ich sehe keinem an, *wie er ist* … nur *woraus* er ist …
Was für Möglichkeiten eröffnet auf einmal ein Wort wie
das Wort *Konstantinopel**, das ich in ein paar Leute hinein-
spreche, die dieses Wort noch niemals gehört haben, wie
das Wort *Afghanistan*, das Wort *Monomanie**, das Wort
*Aphasie**, das Wort *Plastidom** … Ich sage auch noch zu
unseren Holzfällern *Bosporus**, und sie fürchten sich.
Prockerhof, Prandlhof, Gaßlhof, Starkenhof, Taxer-
hof …* Sistrans*, Ampaß*, Ampaß, Sistrans … und immer
zum Nachtmahl, zur Zubereitung des Nachtmahls, nach
Aldrans zurück.

An Hollhof
Geehrter Herr, Ihre Publikation hat in mir den Wunsch
erweckt, weitere solche Publikationen von Ihnen zu lesen;
wie kommen Sie auf *Das Rückbezügliche des Gehirns?*
Nicht die geringste Ratlosigkeit in Ihren Gedanken, das hat
mich, wie Sie sich denken können, zuerst erschrocken *ka-
pitulieren lassen* …

Marginalien:

Öffentlicher Park im 19. Wiener Gemeindebezirk

früherer Name der türk. Stadt Istanbul

Besessenheit, krankhaft übersteigerter Wahn

Plötzlich auftretender Sprachverlust

genetische Trägersubstanz

Meeresenge bei Istanbul, zwischen Schwarzem und Marmara-Meer

Vermutlich Namen einzelner Bauernhöfe

Ort südöstlich von Innsbruck

Ort am Inn, östlich von Innsbruck

73

Eine Zusammenkunft mit Hollhof wäre mir unerträglich ... Vor allem anhören zu müssen, was er über unseren Vater *weiß* ... und unter den dadurch hervorgerufenen Verletzungen leiden zu müssen, ihnen dann, Hollhof gegenüber, nicht entfliehen zu können ... die Eröffnungen, *die ich mir denken kann* ...

Walters Geburtstag ohne auch nur den geringsten Gedanken an Walter ... zu Walters Lebzeiten: wochenlange *Vor*bereitungen, *Nach*wirkungen seines Geburtstags.

⌐Zur Anatomie: gestern habe *ich mir*, im Traum, ein Objekt, abwechselnd Schwein/Mensch, geschlachtet ... als Schwein ist es (mein Objekt) mir durch den Garten davongerast ... ich habe es eingeholt und an beiden Ohren durch den Garten zurückgezogen, auf die Schlachtbank geschleift ... der ganze Garten (in Amras) voll Blutspritzer ... Nach dem letzten Schrei, den das Objekt (als Schwein) ausgestoßen hat, ist es plötzlich (als Mensch) ruhig gewesen; das Aneinanderschlagen der vollen Blutamper* die ganze Nacht ... Ursache: die am 22. stattgefundene Schlachtung⌐.

(süddt.)
Eimer voll Blut

Mit Walter auf dem Pferdewagen (im Winter auf dem Pferde*schlitten*) mit der frischen Milch um fünf Uhr früh von der Wirtschaft in Aldrans zum Milchtisch in Rans hinunter; mit dem Schweinefutter wieder zurück, dann: *der reichlich gedeckte Frühstückstisch im Freien* ... der erste Morgenblick auf das Hafelekar* ...

Berggipfel der
Nordkette,
nördlich von
Innsbruck

Unsinnige Vorstellung von einem Heiligen Abend ohne Eltern und Bruder, ohne Walters Vorlesung der biblischen Weihnachtsgeschichte, ohne *uns* ... Ein Brief aus Schwaz* in Tirol, in welchem ich zur Zahlung von achtzehntausend Schilling aufgefordert werde, die mein Vater einem dortigen Roßhändler (und Zementerzeuger) schuldet.

Bezirksstadt
im Nordosten
Tirols

Der in so vielen Gestalten, daß einen fröstelt, auftretende und jedem alle möglichen Vorschläge machende Tod ... der von der Bahnstation heraufkommende, der von Wilten herüberkommende, von den Lärchen heruntersteigende, aus der Luft gekommene, im Forsthaus ansässige Tod ...

Der Tod, dauernd mit einer bestimmten auf mich bezogenen Zahl in Beziehung gebracht ... mit der *Schwere des Augenblicks.*

Weil nichts geschieht ... ständiges Anrühren, Abtasten längst erkalteter Körper, längst erkalteter Gehirne, erstarrter Nervenzentren, versteinerter ⌐Körperkakophonien⌐.

Berge, Widerstände, Erzeuger zerstörerischer Jahrzehnte ... deine dich andauernd ignorierende Selbstmordanwartschaft.

Studieren und Fort*führen* eines Großteils von Walters Gedanken, die deine Gedanken sind; das Strafbare unserer Depressionen ...

Am Abend durch Aldrans ... kein Mensch ... ich rufe, niemand hört mich ... aus Furcht unterhalte ich mich mit dem Echo, das ich erzeuge ... so, mit der Stimme, die mir gehört und die nicht gehört wird, ist nichts vertrauenerweckend.

Stams* 21. XII.

Ort westlich von Innsbruck

Unsere Existenz, darüber besteht kein Zweifel, ist von dieser tirolischen Landschaft und Atmosphäre hervorgerufen worden, von der die feineren Nervensysteme, Gehirnsysteme, phlogistischen, zersetzenden ... Uns immerfort *fühlend,* waren wir, an uns selber erschrocken, Produkte gewesen der lebensgefährlichen Inhalation des tirolischen Wasserstoffes … langsam getötet von dem Zusammenfluß schöpfungswidriger Körper … Wir waren inständig ständig irregeführt ohne die Kenntnis der Organe der Körper der kalten Natur … Uns lenkten nur Wettereinflüsse, Wetterumschwünge, Temperaturanstieg, Temperaturabfall … Opfer ständiger Inzisionen*, Inzitationen*, Irritabilitäten*, einer jahrtausendelangen ungesunden Kalorik*, der unzuverlässigsten Quecksilbersäule Europas.

Kinder der Felsen und Schluchten, der Pornographie der Natur, haben wir immer nur in der ahnungsvollen, wahrsagetollen Chemie der Tiroler Alpen gelebt, ein jeder von uns als ein ⌐Unglücksrutengänger⌐, ein Feuchtigkeitsmesser, ein Heilanzeiger zwischen Hafelekar und Patscherkofel* …

… selbst als Kind schon existierten wir in einer ständigen Furcht vor Schlagflüssen*, in grauenvoller Erdbebenangst, Furcht vor Häusereinstürzen, Tollwut, in ständiger Angst, erschlagen, überfahren zu werden … Wir haben uns nur unter dem Schutze unserer in der Kindheit sehr großen Vergeßlichkeit der Natur unter Bäume, unter Erker und Dachvorsprünge getraut … Nie waren wir mit den anderen, *wie sie*, auf die Berge, auf die Felswände, Gletscher und Gipfel hinauf … aus Angst, hinunterzustürzen, erfrieren zu müssen.

Jeder Fortgang aus uns, aus dem Elternhaus, war uns nur unter Schmerzen möglich gewesen … aus Angst vor Verletzungen … Die Wahrheit ist, daß wir uns zeit unseres Lebens nur immer gefürchtet haben, eine ungeheure Angst hatten unsere Eltern in uns entwickelt … diese Angst hatte sich im Laufe der Zeit mit der Todeskrankheit der Mutter, mit Walters Todeskrankheit in uns immer tiefer und tiefer erstreckt, sich in uns dann auf immer andere Bezirke von unseren, vor allem, was Walter, was mich, meine von ihm ja hervorgerufene Existenz betrifft, körperlichen, auf un-

erste Schnitte des Chirurgen bei der Operation

Reizeinwirkungen

Reizerregungen

Physikalische Lehre von der Wärme

Berg, südöstlich von Innsbruck

Schlaganfälle

sere seelischen, auf unsere voneinander so verschiedenen
Geistesnaturen ... bald hatten wir, mit der Zeit, Angst vor
dem Aufschlagen unserer Bücher, unserer Schriften und
Briefe, vor dem Hineingehen in die finsteren, ungelüfteten
Kirchen der Philosophien, vor den ungeheueren Dynalo- (Neologismus)
Lehre von der
gien* von Kathedralen ... Angst vor den Falltüren in phi- Kraft
losophischen Gängen, wissenschaftlichen Mühlen und
Sägewerken ... Schon als Kinder hatte uns das Öffnen
von Türen und Fenstern Gleichgewichtsstörungen, Kopf-
schmerz und Ohnmacht verursacht ... später war uns das
oft beim Umblättern einer Bücherseite geschehen ... mit
wieviel größerer Qual in Walter ... Wir hatten, von unseren ersten Gedanken an, immer in einer von unseren Eltern
in uns eingeführten geistigen Hochgebirgsinzucht gelebt;
auf den von ihnen überall aufgestellten Altären opferten
wir unsere schönsten Anlagen ... aber die Eltern waren ja
auch Produkte der ⌐fürchterlichen tirolischen Oxydatio-
nen⌐ gewesen, furchtsame Eingeweide des in Millionen von
Jahren wie *für sie* (wie für uns), die *Unbewußten, Todes-*
süchtigen, entstandenen Oberinntals ... Auch sie hatten ihr
Leben mit dem Lesen unseres Strafgesetzbuches Tirol verbringen müssen ... es war ihnen dadurch die Möglichkeit
genommen, diese sie fortwährend einfrierende und versen-
gende, ihnen angeborene tirolische Erdoberfläche mit der
Tugend des *zur Todeskrankheit nicht geborenen* Wissen-
schafters eingehend zu studieren ... die Schönheit Tirols
war auch für sie nicht möglich gewesen ... wir hatten nur,
um in ihr zu ersticken, in ihr gelebt, uns in ihr unseres
Lebens entledigt ... hätten wir Nachkommen, auch sie
würden, weil aus uns, in ihr ersticken ... Wir waren, schon
früh von allem zurückgestoßen, Zuflucht suchend, zeitle- Naturphiloso-
bens immer nur eingeschlossen in unser aller Hylozois- phische Lehre
mus*; das verdunkelte und verfinsterte naturgemäß folge- von der
richtig, am verheerendsten in unseren Studienjahren, unser Beseeltheit
Verhältnis zur äußeren Umwelt; hat es mir bis heute ver- der Materie

77

finstert ... Wir, Walter und ich, waren immer getäuscht worden; in trostloser Luftzusammensetzung, in einem patriarchalischen, tödlichen, von den perfiden Höhen und Tiefen seiner *Architekturnatur* hervorgerufenen menschenwidrigen ⌐Galvanismus ...⌐ Wie viele unserer Talente hätten wir zu erstaunlicher Größe in uns entwickeln können, wären wir nicht in Tirol geboren worden und aufgewachsen.

Lange Zeit in meinem Zimmer, in welchem ich mich nicht mehr fühlen kann, im Hintergrund der zuerst betrunkenen, dann schlafenden, im Schlaf sprechenden, Frauennamen rufenden, Werkzeugnamen, Baumnamen, Namen von Kindern, Bezeichnungen von Kleidungsstücken und Leder, *in Anzüglichkeiten träumenden* Holzfäller über das Labyrinthische meiner Wissenschaft, über ihr Wissenschaftliches nachgedacht ... Wie sich in ihr und aus ihr und in mir, die vielen, die Tausende, aber Tausende von Bezeichnungen, *Betäubungen* immerfort *für sich* verändern, wie aus den Einen (oft recht verwahrlosten) die Anderen geworden sind, wieder Andere ... ⌐die ununterbrochenen Tradescantia, Bellevalia, Oenthera und Drosophila ... Crepis capillaris, Epilobium ... Colchicin, Datura stramonium, Citrus maximus ... die von mir nachgewiesene Halbchromatidtranslokation ... Rückmutation und Letalmutation ... und jetzt nur mehr Araucaria, Podocarpus, Ginkgo, Oxalis, Myrtillus und Calluna, die Querceto-Fagetea, die Betoleto-Pinetea, die Alnetea glutinosae ... Primär- und Sekundärtypen ... Tertiärtypen ... die baumlose Tundrenzeit, Hochglazial, Spätglazial, Subborealikum⌐ ...

An Nicolussi, Professor der Naturwissenschaft in Innsbruck
Verehrter Herr Professor, unser Unglück hat wohl für immer eine Trennung meiner Person von Innsbruck und also

auch eine endgültige Trennung von Ihnen und Ihrer mir schon verlorenen Wissenschaft, ich muß sagen auf furchtbare Weise, herbeigeführt. Meine Gedanken sind unfähig, sind keine Gedanken mehr, ebenso meine Gefühle … Auf die finstere Zeit, die ich, der Vorschrift gehorchend, in unseren Hörsälen monatelang habe verbringen müssen, war plötzlich eine allerfinsterste gefolgt … Ich studiere nichts mehr, ich gehe, mit völlig gestörtem Gleichgewicht, durch einen Wald von erstickten Erfahrungen, tödlichen Anhaltspunkten des Geistes, alles ist tot, alle Bücher sind tot, ich atme auch nur noch eine tote Luft ein … Wie viele, unzählige Male bin ich jetzt, da ich mich in der größten mir möglichen Menschenbeherrschung auf einmal *in mir* beobachte, schon getötet … Ich danke Ihnen für Ihre oft rüde Beschwichtigung meines Denkens … für den Unterricht, den Sie mir, oft noch spät in der Nacht in Ihrem Hause, hoch oben über der schrecklichen, finsteren Stadt, in Ihrem wie Sie immer sagten ›metaphysischen‹ Hause gewährt haben.

An Ratteis, Botaniker in Partschins*

Ort bei Meran in Südtirol

Verehrter Herr, die Zeit, in welcher Sie mich in aller Heimlichkeit und mit Ausdauer nicht nur die Botanik lehrten, die Zeit meiner großen Zuneigung zu Ihrer Kunst und zu Ihrer Persönlichkeit, der, wie ich heute weiß, das Land Tirol so viel Dank schuldet, nicht nur die Naturwissenschaft … ist meine schönste, meine gelungenste, meine wertvollste Zeit gewesen.

Für mich existiert nun nichts mehr als die dumpfe, die traurige Mühseligkeit meiner Mitmenschen; ich empfange nicht mehr den Zauber des *Theoretischen* … Meine Fragen an Sie sind mir jetzt, und zwar vornehmlich in der Nacht, oft auf entsetzliche Weise zurückgekehrt … Sie machten mir damals schon, auf dem Brandjoch*, bei unserer ersten Begegnung, vieles, das mich dann später zerstörte, deutlich.

Berggipfel der Nordkette, nördlich von Innsbruck

Aldrans: sehen, daß nichts mehr von dir vorhanden ist ... der doppelten Leiden willen nichts mehr sagen zu müssen ...

Auf dem Weg ins Forsthaus entdeckst du, daß deine Verzweiflung nur eine Idee der Verzweiflung gewesen ist. Du hast immer Angst gehabt, daß sie dich von ihrem Kartenspiel ausschließen ... haben sie dich gestern ausgeschlossen.

An Hollhof

Geehrter Herr, Ihrer Einladung, auf Ihre Besitzung in Kaltern zu* kommen, kann ich nicht Folge leisten. Die Uhr, für die ich Ihnen von Herzen danke, ist ein Geschenk der väterlichen Großmutter meiner Mutter an meinen Vater und aus dem Besitze der Fugger* ... ich danke Ihnen und ich verabschiede mich.

Die mich durch ihre Aufmerksamkeit verstörende Krähe, die angefrorene, die ich mit der Stockspitze blitzartig in die Luft stoße.
Lektüre Walters, Empfindungen Walters, Verzweiflungen Walters.

⌈Schermberg⌉, 11. Februar
Lieber Onkel, ich bin vor acht Wochen aus Aldrans und auch aus Tirol fort; *wenn* ein Mensch, verstehst *Du* mich ... daß ich plötzlich, ohne die Möglichkeit auch nur der geringsten tirolischen Existenz, Dich so tief verletzt habe ...
... verzeih mir und verzeih mir auch noch für Walter ...
selbst das Zusammensein mit den Arbeitern ist mir am Ende nur noch eine einzige Qual gewesen; *das bloße Anschauen dieser Menschen* ...
... wenn ich Dir im Forsthaus, und wenn auch nur auf die lächerlichste Weise, nützlich gewesen bin.

Ort am Kalterer See in Südtirol, berühmt für Weinbau

Bes. im 15. Jh. bedeutendes Augsburger Handels- und Kaufmannsgeschlecht

80

... jetzt habe ich auch in der Holzverarbeitung einige Kenntnisse.

... vermeintlich in Sicherheit, den Versuch zu machen, meine Ungehörigkeit aufzuklären.

Mein Studium will ich nicht aufgeben, in Zukunft nur noch *in mir selbst* betreiben ... ⌜herrschen in unseren Irrenhäusern uns alle *beschämende* Zustände⌝.

Kommentar

1931 Nicolaas Thomas Bernhard wird am 9. Februar in Heer-
len (in den Niederlanden, nahe der deutschen Grenze)
geboren. Die ledige Mutter, Herta Bernhard (1904 –
1950), hatte Wien 1930 verlassen, um im Ausland Geld
zu verdienen und ihren Eltern nicht zur Last zu fallen.
Das Kind bringt sie bei Pflegeeltern unter. Der Vater,
Alois Zuckerstätter (1905–1940), aus Henndorf bei Salzburg, wo Herta Bernhard bei ihrer Tante gearbeitet hatte,
zahlt für das von ihm nicht anerkannte Kind keine Ali-
mente. Thomas Bernhard hat ihn nie kennen gelernt, er-
schrickt beim Anblick eines Fotos über die Ähnlichkeit (s.
Die Kälte, TBW, Bd. 10, S. 355). Nach einem halben Jahr
bringt die Mutter den Sohn zu ihren Eltern nach Wien.
Die Großmutter, Anna Bernhard (1878–1965), und vor
allem der Großvater, der Schriftsteller Johannes Freumbichler (1881–1949) – sie heiraten erst 1938, weshalb die
Tochter den Namen Bernhard trägt –, werden für ihn zu
den wichtigsten familiären Bezugspersonen. Der ambi-
tionierte Großvater, der mehr sein will als ein Verfasser
von Salzburger Heimatliteratur – sein bekanntestes Werk
ist der historisch bäuerliche Roman *Philomena Ellenhub*
(1937) –, wird zum Erzieher und Vorbild des Heran-
wachsenden.

1935 Übersiedlung mit den Großeltern nach Seekirchen bei
Salzburg. Thomas Bernhards Beziehung zur Mutter, die
Emil Fabjan (1913–1993) aus Wien heiraten wird, bleibt
lebenslang problematisch. Vom Großvater fühlt sich das
Kind geliebt. Die Kindheit in Seekirchen bezeichnet er als
glücklich. »Dann die Spaziergänge mit ihm – das alles ist
in den Büchern später, und diese Figuren, Männerfigu-
ren, das ist immer wieder mein Großvater mütterlicher-
seits... Aber neben dem Großvater immer wieder – man
ist allein.« (*Drei Tage*. In: *Der Italiener*, 1971, S. 146.)

1938 Herta und Emil Fabjan übersiedeln nach Traunstein in
Deutschland. Thomas Bernhards Vormund findet dort

als Friseur Arbeit. Am 15. 4. Geburt des Halbbruders Peter Fabjan. Bernhard besucht die Volksschule in Traunstein, gerät dort aber bald in Schwierigkeiten.

1939 Die Großeltern ziehen von Seekirchen nach Ettendorf bei Traunstein.

1940 Am 10. 6. Geburt der Halbschwester Susanne Fabjan.

1942 Thomas Bernhard wird in ein NS-Erziehungsheim in Saalfeld (Thüringen) »verschickt«. Damit beginnen für ihn die traumatischen Erfahrungen mit staatlichen Erziehungsinstitutionen.

1944 Ab Frühjahr im NS-Schülerheim in Salzburg. Nach den schweren Bombenangriffen auf Salzburg Rückkehr nach Traunstein.

1945 Ab Herbst erneut im Internat in der Schrannengasse in Salzburg, das jetzt wieder katholisch geführt wird (s. *Die Ursache*, 1975).

1946 Die gesamte Familie übersiedelt nach Salzburg und lebt gemeinsam, zu acht, in einer Dreizimmer-Wohnung in der Radetzkystraße 10.

1947 Thomas Bernhard verlässt 16-jährig das Gymnasium und beginnt eine Lehre als Lebensmittelkaufmann in der Scherzhauserfeldsiedlung (s. *Der Keller,* 1976), damals ein Wohnviertel der Armen der Stadt. Daneben nimmt er auf Betreiben des Großvaters Musik- und Gesangsunterricht.

1949/1951 Thomas Bernhard erkrankt nach einer nicht ausgeheilten Erkältung an einer schweren Rippenfellentzündung, die zu einer Lungentuberkulose führt. Er kommt ins Salzburger Landeskrankenhaus. Dort stirbt am 11.2.1949 sein Großvater an Nierenversagen infolge ärztlicher Fehldiagnose (s. *Der Atem*, 1978). Es folgen Aufenthalte – bis Januar 1951– im Sanatorium Großgmain und in der Lungenheilanstalt Grafenhof in St. Veit im Pongau (Land Salzburg). Eine Phase intensiven Lesens und Schreibens setzt ein. In St. Veit lernt er die aus Wien stammende, um 37 Jahre ältere Hedwig Stavianicek (1894–1984) kennen. Sie wird sein »Lebensmensch«. Durch sie hat er nun auch die Möglichkeit, in Wien zu wohnen. Am 13. 10. 1950 stirbt die Mutter. Kurz zuvor wird Thomas Bernhards erster Text, die Kurzerzählung »Das rote Licht«, unter Pseudonym in einer Salzburger Zeitung veröffentlicht. Ab jetzt erscheinen Erzählungen und Gedichte in Zeitungen und Zeitschriften. Die Lungenerkrankung, zu der später eine Herzkrankheit hinzukommt, prägt sein gesamtes Leben.

1952 Thomas Bernhard wird Journalist beim *Demokratischen Volksblatt* in Salzburg und schreibt Kulturberichte und Reportagen aus dem Gerichtssaal. Der Einblick in den Alltag der Menschen bietet einen reichhaltigen literarischen Fundus.

1955 Beginn der Ausbildung am Schauspiel- und Regie-Seminar an der Hochschule Mozarteum Salzburg.

1956 In der Wiener Literaturzeitschrift *Stimmen der Gegenwart* erscheint die Erzählung »Der Schweinehüter«, die den Bruch mit der vom Großvater übernommenen idyllisierenden, konventionellen Literatur markiert.

1957/1960 Nach dem Abschluss der Ausbildung am Mozarteum tritt Thomas Bernhard zunächst als Lyriker hervor. Im Salzburger Otto Müller Verlag erscheint 1957 der Gedichtband *Auf der Erde und in der Hölle*. Im Sommer desselben Jahres lernt er den Komponisten Gerhard Lampersberg (1928–2002) und dessen Frau Maja (*1919) kennen, deren Tonhof in Maria Saal (Kärnten) ein kulturelles Zentrum bildet. Durch die Freundschaft und Unterstützung des Ehepaars wird er mit zeitgenössischen Künstlern bekannt. Er wohnt am Tonhof und wird zu avantgardistischen Libretti (*die rosen der einöde* und *Köpfe*) und surrealistischen Kurzdramen (*Die Erfundene, Rosa* und *Frühling*) inspiriert. 1958 erscheinen die beiden Gedichtbände *In hora mortis* und *Unter dem Eisen des Mondes*. 1960 kommt es zum Bruch mit dem Ehepaar Lampersberg.

1960/1961 Der Lyrikband *Frost* mit mehr als 140 Gedichten wird vom Otto Müller Verlag, die noch umfangreichere Sammlung seiner *Dichtungen* vom S. Fischer Verlag in Frankfurt/M. abgelehnt.

1963 Der Roman *Frost* erscheint im Insel Verlag Frankfurt/M. und wird von der Kritik als literarisches Ereignis gewürdigt.

1964 Die Erzählung *Amras* erscheint, das Buch, das seinem Verfasser zeitlebens das liebste bleiben wird.

1965 Literaturpreis der Freien Hansestadt Bremen für *Frost*. Kauf des renovierungsbedürftigen Bauernhofs Obernathal 2 in Ohlsdorf bei Gmunden (Oberösterreich). Die Sanierung dauert mehrere Jahre. Beginn der langjährigen Freundschaft mit dem Immobilienmakler Karl Ignaz Hennetmair (*1920). Thomas Bernhard lebt und schreibt abwechselnd in seinem Haus, in Wien und im Ausland. Anfang der 1970er-Jahre erwirbt er zwei weitere Häuser in Oberösterreich.

1967 Neben dem Erzählband *Prosa* erscheint der zweite Roman *Verstörung*. Im Sommer schwere Operation im Pulmologischen Krankenhaus auf der Baumgartnerhöhe in Wien (s. *Wittgensteins Neffe*, 1982).

1968 Kleiner Österreichischer Staatspreis. Die Dankrede wird zu einem der vielen Eklats, die sein Werk und seine Auftritte begleiten. Die Erzählung *Ungenach* erscheint. Der Suhrkamp Verlag wird zu Thomas Bernhards Hauptverlag.

1969 Prosabände *Watten*, *Ereignisse* und *An der Baumgrenze*.

1970 Der Roman *Das Kalkwerk* erscheint. Thomas Bernhard erhält den Georg-Büchner-Preis. Im Hamburger Schauspielhaus Uraufführung seines ersten abendfüllenden Theaterstücks *Ein Fest für Boris* unter der Regie von Claus Peymann (*1937), der die meisten von Bernhards Stücken erstinszeniert. Der poetologische Monolog *Drei Tage* entsteht als Filmporträt.

1971 Die Prosabände *Gehen* und *Midland in Stilfs* erscheinen. Das Skript *Der Italiener* erscheint im Salzburger Residenz Verlag und wird von Ferry Radax verfilmt.

1972 Uraufführung von *Der Ignorant und der Wahnsinnige* bei den Salzburger Festspielen. Es kommt zur Kontroverse um das Notlicht, das Thomas Bernhard und Claus Peymann am Ende des Stückes abgeschaltet wissen wollen. Das Stück wird abgesetzt. Grillparzer-Preis.

1973   Verfilmung von *Der Kulterer* durch Voitek Jasny mit Helmut Qualtinger in der Hauptrolle.

1974   *Die Jagdgesellschaft* im Wiener Burgtheater; *Die Macht der Gewohnheit* bei den Salzburger Festspielen mit dem vom Autor in hohem Maße geschätzten Bernhard Minetti (1905–1998) in der Hauptrolle.

1975   *Der Präsident* im Wiener Burgtheater; Roman *Korrektur*; *Die Ursache. Eine Andeutung* ist die erste von fünf autobiographischen Erzählungen.

1976   *Die Berühmten* werden als Festspielaufführung in Salzburg abgelehnt und im Wiener Burgtheater uraufgeführt. *Der Keller. Eine Entziehung* erscheint. Claus Peymann inszeniert in Stuttgart *Minetti*, das dramatische Porträt des Künstlers als alter Mann, mit Bernhard Minetti in der Titelrolle. Ehrenbeleidigungsklage des Salzburger Pfarrers Franz Wesenauer wegen der Charakterisierung des »Onkel Franz« in *Die Ursache*.

1978   *Immanuel Kant*; *Der Atem. Eine Entscheidung*; *Der Stimmenimitator*; *Ja*.

1979   Das Theaterstück *Vor dem Ruhestand* (Uraufführung in Stuttgart) gilt in der Öffentlichkeit als Beitrag zur Diskussion um den 1978 wegen seiner Rolle als Militärrichter im Zweiten Weltkrieg zurückgetretenen baden-württembergischen Ministerpräsidenten Hans Karl Filbinger (*1913); Austritt aus der Deutschen Akademie für Sprache und Dichtung.

1980   *Die Billigesser*. Uraufführung von *Der Weltverbesserer* in Bochum.

1981   *Die Kälte. Eine Isolation*; *Am Ziel*; *Ave Vergil. Gedicht*.

1982   *Ein Kind*; *Beton*; *Wittgensteins Neffe*; *Über allen Gipfeln ist Ruh*.

1983   Die Erzählung *Der Untergeher* ist eine Hommage an den Pianisten Glenn Gould.

1984   Der Roman *Holzfällen. Eine Erregung* führt zu einem weiteren öffentlichen Skandal. Gerhard Lampersberg erkennt sich in der Figur des »Auersberger« wieder und klagt auf Ehrenbeleidigung. Das Buch wird von der Polizei beschlagnahmt, Thomas Bernhard wünscht sich daraufhin ein Auslieferungsverbot seiner Bücher nach Österreich. Uraufführung von *Der Schein trügt*.

1985 Uraufführung *Der Theatermacher* bei den Salzburger Festspielen; der Roman *Alte Meister. Komödie* erscheint.

1986 Uraufführung von *Einfach kompliziert* und *Ritter, Dene, Voss*; der Roman *Auslöschung* ist Thomas Bernhards erzählerisches Opus magnum und beschreibt den »Herkunftskomplex« als zeitgeschichtliches Thema.

1987 *Elisabeth II.* erscheint als Buch.

1988 *Der deutsche Mittagstisch* vereinigt Thomas Bernhards Dramolette. *Heldenplatz*, von Claus Peymann im Wiener Burgtheater uraufgeführt, ist ein Beitrag zum 50. Gedenkjahr an den Anschluss Österreichs an das »Dritte Reich« und löst eine beispiellose Politiker- und Medienkampagne gegen das Stück aus.

1989 *In der Höhe. Rettungsversuch, Unsinn* erscheint als letztes Buch im Residenz Verlag. Am 12. 2. stirbt Thomas Bernhard in seiner Gmundner Wohnung an den Folgen der langjährigen Lungen- und Herzerkrankung und wird in Wien-Grinzing neben Hedwig Stavianicek beigesetzt. Sein Testament, demzufolge in Österreich auf die Dauer des Urheberrechts nichts von ihm jemals »verfaßtes Geschriebenes aufgeführt, gedruckt oder auch nur vorgetragen werden« soll, wird nicht eingehalten.

Entstehungs- und Textgeschichte

Mit der Erzählung *Amras* erscheint im September 1964 im Insel-Verlag Frankfurt/M. das zweite Prosawerk von Thomas Bernhard. Ein gutes Jahr zuvor hatte sein Roman-Debüt *Frost* für Aufsehen gesorgt. Bis zu diesem Zeitpunkt war er bloß einem kleinen Kreis als Lyriker sowie als Verfasser kurzer, in Zeitungen und Zeitschriften veröffentlichter Erzählungen bekannt. Diese Veröffentlichungen standen noch in der Tradition der konservativen, heimatverbundenen Dichtung des Großvaters Johannes Frcumbichler (1881–1949). Dessen Lebensgefährtin Anna Bernhard (1878–1965) hatte dem Schriftsteller Carl Zuckmayer (1896–1977) – er lebte von 1926 bis 1938 in Henndorf bei Salzburg – heimlich das über 800 Seiten umfassende Manuskript des Romans *Philomena Ellenhub* geschickt. Seine Frau Alice Zuckmayer-Herdan (1901–1991) redigierte das Buch, das Anfang 1937 im Zsolnay Verlag Wien erscheint und das Schicksal einer Bauernmagd darstellt. So erzielte Freumbichler im 56. Lebensjahr seinen ersten Erfolg.

Mit *Frost* fand der 32-jährige Thomas Bernhard zu einem eigenständigen Erzählstil, der Kritiker und Lesepublikum faszinierte und zugleich ästhetisch provozierte. »Sein Buch überzeugt durch die Dichte seiner Visionen, durch die außerordentliche Kraft seiner Sprache, die die Alpträume von Leid und Leidenschaft, die bedrückende Atmosphäre des Einschneiens, des Erstickens, des Untergangs intensiv beschwört« (Jenny, 1963). Sein ernüchterndes »Sinnbild der großen Kälte« (Zuckmayer, 1963), sein »Portrait des total illusionslosen Menschen« (Blöcker, 1963), zerstört die idealisierenden Tendenzen des Heimatromans durch Umkehrung seiner Form und seines Inhalts.

Einer solchen Prosa ging eine Entwicklungsphase voraus, die lange Zeit im Verborgenen lag. Der Nachlass des Autors im Thomas-Bernhard-Archiv (Gmunden, Oberösterreich; im folgenden zit. als NLTB, TBA) macht deutlich, dass zwischen den Prosaarbeiten der 1950er-Jahre und dem Erscheinen von *Frost* 1963 eine intensive Phase des Ausprobierens lag. Dies dokumentieren neben »Schwarzach St. Veit« (1960), einem umfangreichen Vorläufer des ersten Romans – der Titel verweist auf jenen Ort, in dem sich die Lungenheilanstalt Grafenhof befindet, in die Bernhard zwischen 1949 und 1951, lebensbedrohlich erkrankt, eingewiesen wird –, weitere Romanentwürfe wie »Der Wald auf der Straße« oder »Tamsweg« (s. Kommentar, TBW, Bd. 1, S. 339). »[...] mein Großvater, der Dichter, war tot, jetzt durfte *ich* schreiben« (*Die Kälte*, TBW, Bd. 10, S. 331), formuliert er seine literarische Befreiung aus den die gesamte Familie durchdringenden Wertevorstellungen des Großvaters. Dieser hatte frühe Gedichte seines Enkels mit Randbemerkungen und Benotungen wie »gut« oder »sehr gut« versehen. Wie Freumbichler schrieb Bernhard Anfang der 1950er-Jahre Einfälle, Gedichte oder Ereignisse aus seinem Alltag in ein Notizbuch und imitierte in vielen seiner ersten unveröffentlichten Texte das zunächst positiv besetzte Vorbild.

Die Entstehung von *Amras* fällt in eine äußerst bewegte Phase von Bernhards Leben (s. Huguet, o. J., S. 401 ff.; Hoell, 2000, S. 80). Seine schriftstellerische Karriere hat eben erst begonnen. Die positive Aufnahme von *Frost* bringt Klarheit in seine Pläne. Noch 1962 machte er den Lkw-Führerschein und überlegt, als Entwicklungshelfer in Ghana zu arbeiten oder in die Vereinigten Staaten auszuwandern. An die Fertigstellung und Abgabe von *Frost* knüpft sich eine Polenreise mit Annemarie Hammerstein-Siller im März und April 1963. Unmittelbar nach Erscheinen des Romans im Mai 1963 besucht Thomas Bernhard den Freund Wieland Schmied, den ehemaligen Lektor des Insel-Verlags, in Hannover, »um ›Amras‹ zu beginnen. Das zweite Buch sei das schwierigste, sagte er, und er hatte zeitweilig Zweifel, ob es gelingen und ob es ebenso akzeptiert werden würde wie ›Frost‹« (Schmied. In: Dreissinger (Hg.), 1991, S. 321). Im Juli reisen sie gemeinsam durch Oberitalien und nach Saas-Fee (Schweiz) zu dem Bernhard aus Kindheitstagen bekannten Carl Zuckmayer. Im Dezember 1963 nimmt Bernhard in Hamburg für seinen ersten Roman den Julius-Campe-Preis entgegen und erwirbt nach eigenen Angaben sein erstes Auto. »›35.000 Schilling hat der Wagen gekostet, 35.000 Schilling war der Preis. Nach 14.000 Kilometern hatte ich einen Totalschaden zwischen Fiume und Abbazia.‹« (Kathrein. In: ebd., S. 190) Durch den nicht selbst verschuldeten Unfall sei er verspätet in Kroatien angekommen, wo Hedwig Stavianicek (1894–1984), sein »Lebensmensch« – er bezeichnete sie als »Tante« – bereits auf ihn gewartet habe. »›Dann hab' ich in Jugoslawien plötzlich ›Amras‹ geschrieben – immer noch mein Lieblingsbuch.‹« (Ebd.) Bernhard, der zu Übertreibungen, Stilisierungen und Mystifikationen neigt, dürfte den Unfall in Wirklichkeit erst ein Jahr später gehabt haben. Fest steht, dass er sich ab Februar 1964 in Kroatien aufhält, um intensiv an *Amras* zu arbeiten. Am 12. Februar schreibt er aus Dubrovnik an Hedwig Stavianicek, die noch in St. Veit im Pongau ist: »[...] ich fange sogleich in d. Stille, bei verschlossenem Fenster, zu arbeiten an; was die Arbeit betrifft, bin ich sehr zuversichtlich!« Das Jahr habe gut begonnen und soll ein »Arbeitsjahr« werden. Bernhard möchte zumindest so lange im Süden bleiben, »bis die Erzählung fertig ist!« Er hält sich vor allem in Lovran bei Rijeka auf, spätestens seit Anfang Mai gemeinsam mit Hedwig Stavianicek. *Amras* ist fertig gestellt, so dass er der letzten, intensiven Korrektur- und Überarbeitungsphase entgegensieht.

Offen bleibt, wann genau die Arbeit an der Erzählung begonnen hat. Im Allgemeinen ließ Bernhard die Ideen zu seinen Texten reifen, um dann die ersten Entwürfe direkt in die Schreibmaschine zu tippen und in nachfolgenden Korrekturgängen zu verändern. Dabei lassen sich Verschiebungen von Textblöcken auf spätere Werke beobachten. Er montierte immer wieder einzelne Passagen oder Entwürfe zu neuen Texten; so auch bei *Amras*.

Auffällig an der im Thomas-Bernhard-Archiv in Gmunden erhaltenen ersten Typoskriptfassung der Erzählung ist ihr heterogener Charakter. Sowohl die unterschiedlichen Papiersorten und das wechselnde Schriftbild als auch verschiedene Inhalte lassen erkennen, dass die Erzählung baukastenartig diverse Fragmente aneinander reiht, ein Prinzip, das man später als stilistisches Merkmal von *Amras* hervorgehoben hat. Die Passage »Zirkus« beispielsweise entstammt früheren Typoskripten. Die Briefanreden »An Hollhof« sind nachträglich handschriftlich eingefügt, ebenso einzelne Namen der von den Brüdern gelesenen Schriftsteller.

Dennoch verweisen die ersten 25 Seiten der frühen Textfassung von *Amras* bereits auf ein inhaltliches Grundgerüst und die zentralen Motive. Wendelin Schmidt-Dengler zufolge stammt sie »aller Wahrscheinlichkeit nach aus dem Jahr 1962« (Kommentar, TBW, Bd. 11, S. 348). In einer späteren Fassung stellt Bernhard unter dem Zwischentitel »Notiz« einen kurzen Absatz an den Schluss des Textes, »der die Komposition des Ganzen als eine Herausgeberfiktion rechtfertigen sollte« (ebd., S. 350):

> »Die unter dem Titel AMRAS zusammengelegten Schriften und Briefe hat der Herausgeber im Frühjahr neunzehnhundertzweiundsechzig auf einem Spaziergang [hs. ausgebessert zu »Studiergang«, Anm. B.J.] entlang des Trafoier-Baches, zwischen Pleisshorn und Madatsch gefunden; er hat, nicht auf Vorteil und Nachteil bedacht, an der ein paar Dutzend Blätter umfassenden (ursprünglich in Packpapier eingewickelten) Seltsamkeit, auch was die Reihenfolge betrifft, nichts geändert.«

1962 als Arbeitsbeginn wäre zumindest denkbar, würde jedoch bedeuten, dass die Anfänge der Erzählung in das Jahr der Fertigstellung von *Frost* fallen. Demgegenüber datiert Wieland Schmied die erste Beschäftigung mit *Amras* auf Mai/Juni 1963, also relativ spät. Immerhin verfasst Bernhard Ende 1962/Anfang 1963 auch andere, kürzere Texte. 1963 druckt der *Insel-Almanach auf das Jahr 1964* eine Auswahl jener kurzen Prosastücke, die Ende 1959 niedergeschrieben, aber erst 1969 unter dem Titel *Ereignisse* veröffentlicht werden. Des Weiteren erscheinen der kurze Text »Ein Frühling« (1963) sowie die Erzählungen »Der Briefträger« (1963) und »Eine Zeugenaussage« (1964). Vermutlich hat Bernhard dabei bereits Material für *Amras* gesammelt bzw. seine Erzählung aus diesen und anderen in zeitlicher Nähe entstandenen Texten entwickelt. Die inhaltlichen Parallelen zu »Ein Frühling«, »Zwei junge Leute« (in: *Ereignisse*) sowie dem 1965 in der Zeitschrift *Wort in der Zeit* publizierten Text »Ein junger Schriftsteller« und der kürzeren, erstmals in der *Frankfurter Allgemeinen Zeitung* (23.1.1965) veröffentlichten Erzählung »Das Verbrechen eines Innsbrucker Kaufmannssohns« sind jedenfalls deutlich.

Bereits Anfang 1964 dürfte die Arbeit an *Amras* ziemlich weit fortgeschritten sein. Noch im November 1963 deutet Bernhard an, er sei »vom Frost weit weg und längst woanders, wo es schwierig ist, ein Ende abzusehen. Wenn es wahr ist, dass die Arbeit mein einziges Vergnügen ist, so lebe ich sehr vergnüglich« (Thomas Bernhard an den Mitarbeiter des Insel-Verlags Peter Schünemann, 14. 11. 1963, NLTB, TBA, B 251). Am 31. Januar 1964 schreibt Rudolf Hirsch, Leiter des Insel-Verlags, an Thomas Bernhard, er sei glücklich, zu hören, dass er »eine Erzählung bis an die Nähe des Abschlusses gefördert« habe (ebd., B 251/2/3).

Aufschlüsse über die Textentstehung vermittelt auch die Korrespondenz der Insel-Lektorin Anneliese Botond mit Thomas Bernhard. Am 2. April 1964 schreibt sie ihm, dass sie »täglich auf das Amhras[?]-Buch warte« (ebd., B 78/2). Am 5. Mai schickt er aus Lovran »die längst versprochene Erzählung, die mich monatelang gequält aber auch immer wieder in ihrer Bezihung [sic!] zu mir lebendig gehalten hat, an Frau Dr.Botond [...]. Mir fällt ein, ob es sich bei Amras nicht um eine Kindergeschichte handelt.« (Thomas Bernhard an Rudolf Hirsch, 5. 5. 1964, ebd., B 251) Bereits am 11. Mai erhält er ein Telegramm: »Amras ist gut sehr gut Botond« (ebd., B 78/2). Gut zwei Wochen später bestätigt sie ihren positiven Eindruck nach erneuter Lektüre: »Ich glaube: es ist das Beste, was Sie bisher geschrieben haben, der Text ist unglaublich dicht, alles ist da, nichts löst sich auf beim näheren Hinschauen [...].« Dennoch kritisiert sie den »zweiten Teil« »als ein Auslaufen nach dem Ereignis, als Epilog« und schlägt eine Überarbeitung und Kürzung vor, um »das Thematische, die Krankheit« stärker zu akzentuieren:

> »Die schönen langen Perioden des ersten Teils sind wie ein Netz über alles gespannt, in dem alles lebt und sich bewegt und groß atmet, im zweiten Teil, der mich streckenweise schrecklich irritiert hat, nicht durch den Inhalt – es stehen großartige Dinge darin – sondern durch das grundlose[?], willkürlich Fragmentarische, Heterogene, spreizt sich alles (nicht alles) erstarrt, steht das eine dem anderen im Wege.« (Anneliese Botond an Thomas Bernhard, 26. 5. 1964, ebd., B 78/2)

Tatsächlich unterzieht Bernhard diesen »zweiten Teil«, der mit dem Zwischentitel »›Sätze‹ Walters« bzw. »In Aldrans« beginnt, einer tiefgreifenden Überarbeitung. Gegenüber der ersten Fassung gewinnt er an formaler Einheit und Dichte. Auch Anneliese Botond zeigt sich »mit der jetzigen Form des zweiten Teils eigentlich recht zufrieden« (Anneliese Botond an Thomas Bernhard, 23. 6. 1964, NLTB, TBA, B 78/2). Ende Juli korrigiert Bernhard die Druckfahnen, das Buch erscheint am 1. September 1964.

Auf einem eigenhändig unterzeichneten Kurztext »Zu Amras« sowie einem Entwurfsblatt charakterisiert er die Erzählung, die sie kennzeichnende Begrifflichkeit, durch eine dichte, selbstreferentielle Metaphorik. Der ambivalente Dualismus »[e]iner Welt, die sich auflöst und nicht auflöst«, ist das Leitmotiv des für das Publikum gedachten poetischen Exposés. Lediglich als »Oberfläche« kann diese Welt beschrieben werden, heißt es. Sie bleibt »aus der Natur einfach ausgeschlossen, wie unser Hirn (unser Leben) aus der Natur ausgeschlossen ist. Die Natur ist das einzige immerwährende Menschenunmögliche.« In einem Brief vom 13. August 1964 formuliert Anneliese Botond diskret ihre Skepsis an der Werbewirksamkeit des schwer verständlichen Textes in der Feststellung, dieser sei zu gut für eine Tageszeitung, und Bernhard habe es nicht nötig, wie andere Autoren über das Schreiben zu schreiben (NLTB, TBA, B 78/2).

Rezeption und Wirkungsgeschichte

Ein Urteil wie »schwierige Prosa, eine provokative Erzählung«
(Ehrenhauß, 1965) steht unter den Reaktionen auf *Amras* keineswegs isoliert da. Wiederholt sprach die Kritik unmittelbar
nach Erscheinen von einem »düstere[n] Buch« (Boegner, 1965),
einer schockierenden, zugleich faszinierenden Darstellung des
menschlichen »Leidens an der ›Natur‹« (Jurdzinski, 1984) und
der Brüchigkeit der Welt. Als »Weg in die Finsternis‹›, als
»Selbstmord-Exerzitien«, als »Bericht über die Zerstörung des
Lebens« oder als »Novelle des Verfalls« bezeichnete man *Amras*. Dennoch sind die Rezensenten von der »außerordentlichen
Erzählung« (Ehrenhauß, 1965) mit ihrer »reichen und starken
Bildersprache« (Senn, 1965) höchst angetan. Mit Thomas
Bernhard »verknüpft sich kühnste Hoffnung auf Oesterreichs
bleibenden Gegenwartsbeitrag zur deutschen Weltliteratur«,
schrieb Werner Trost euphorisch und sollte rückblickend Recht
behalten (Trost, 1964). Die inhaltlichen Parallelen zum Roman-
debüt von 1963 werden betont. Ähnlich verrät das *Amras* vorangestellte Motto von Novalis (1772–1801) den Bezug der Erzählung zu Themen wie Krankheit, Tod, Wahnsinn, Natur oder
Finsternis. Das Motiv der Bedrohung des künstlerisch veranlag-
ten Individuums durch die Außenwelt, die Gesellschaft, »der
Anziehungskraft der Natur ausgeliefert« (*Amras*, S. 52.17–18),
zieht in den Rezensionen die Nennung möglicher literarischer
Vorbilder nach sich. Sie reichen von Georg Büchner (1813–
1837) und E.T.A. Hoffmann (1776–1822) – Krankheit, Irra-
tionalität – über Samuel Beckett – Absurdität der Existenz –,
Georg Trakl (1887–1914) und Hugo von Hofmannsthal (1874–
1929) – sensibles Künstler-Ich, Sprachkrise – sowie Franz Kafka
(1883–1924) – Unheimliches – bis hin zur Philosophie Søren
Kierkegaards (1813–1855) mit seiner Studie *Krankheit zum
Tode* (1849).
Maßgeblich für die Aufnahme von *Amras* sind die Kommentare,
die auf die starke sprachlich-ästhetische Wirkung hinweisen.
Humbert Fink bietet mit seiner Radiobesprechung neuer Bücher
in der Reihe »Kulturelles Wort« (9.9.1964) im Hessischen

Rundfunk, die bald darauf gekürzt im *Deutschen Allgemeinen Sonntagsblatt* erschien (Fink, 1964), vermutlich die erste Rezension. Thomas Bernhard sei einer »der begabtesten, ja vielleicht sogar der wichtigste Erzähler der jüngeren österreichischen Schriftsteller-Generation«, der mit seinem neuesten Werk eine »analytische Erzählung« vorgelegt habe. Er lobt Bernhards »modernes, exaktes Erzählen«, kritisiert aber – ohne sie zu benennen – jene Passagen, in denen es »bewußt zum intellektuellen Stenogramm verkümmer[t]«. Äußerst positiv fällt Günter Blöckers Rezension in der *Frankfurter Allgemeinen Zeitung* (14.11.1964) aus. Bernhard stelle in seinem Werk das Element des Tragischen, »das Scheitern« und »die bedrückende Übermacht der Natur« (Blöcker. In: Botond, 1970, S. 89) dar. Durch einen Vergleich mit Novalis und Georg Büchner stuft Blöcker den Text, der »auf alle abrundenden erzählerischen Gebärden verzichtet und die ästhetische Gestalt entschlossen dem Erkenntnisstand angleicht« (ebd., S. 91), noch höher als *Frost* ein, ein Urteil, dem Jürgen P. Wallmann (s. Wallmann, 1965) folgen wird. *Amras* sei das Dokument einer »neuen Prosa, welche die Zwangsherrschaft der vorgeprägten erzählerischen Formen abschütteln« könne und »noch einmal das Äußerste wagt, nämlich die Zeichensprache der Natur zu enträtseln« (Blöcker, S. 92). Das Fragmentarische, Bruchstückhafte der Erzählung sei die adäquate Umsetzung von Bernhards Denken. Blöckers Rezension erschließt den literaturgeschichtlichen Kontext von *Amras* innerhalb der Moderne und entkräftet im Vorhinein die später vorgebrachte Kritik von formelhaftem Sprachspiel, permanenter Wiederholung und Inhaltslosigkeit. Distanzierter gibt sich Urs Jennys Besprechung in der *Süddeutschen Zeitung* (19.12.1964) und in der Zürcher *Weltwoche* (15.1.1965). Die »hochempfindliche (von Bernhard ohne Schwanken gemeisterte) Sprache faßt sehr viel, klärt aber wenig«. Die Erzählung rühre insgesamt an der Grenze der Sprache sowie des Geschichtlichen, »jenseits verwirft Literatur sich selbst« (Jenny, 1964).

Trotz des überwiegend positiven Tenors auf die sprachliche Gestaltungskraft macht sich in vielen Rezensionen die Ambivalenz von Irritation und Faszination bemerkbar. »›Amras‹ ist ein erschreckendes Buch, es stößt ab, es kommt dem Leser in keiner

Weise entgegen.« Bernhards Bilder »haben eine starke poetische Kraft«, doch seien sie beklemmend und durch »Ausweglosigkeit« gekennzeichnet. Abschließend heißt es, »Amras ist ein empfehlenswertes Buch« (Meller, 1965). Dieser Meinung ist auch jener Rezensent, der die Erzählung für eine Zeitung bespricht, die in jenem österreichischen Bundesland erscheint, in welchem die Handlung angesiedelt ist. Als »Novelle des Verfalls« und nach *Frost* Bernhards »zweite[s] Zeugnis seiner Prosa des Grauens« wird sie in den *Tiroler Nachrichten* charakterisiert. »Bernhard beobachtet den realen Schauplatz seiner Geschichte präzise wie ein Landkartenzeichner, aber verfremdet dann alle Perspektiven [...]. So entsteht ein dämonisches, bizarres, abstruses Tirol, in dem Ironie gelb aufblitzt [...].« (v. h., 1964)

Auf vollständige Ablehnung stößt der neuartige Erzählstil von *Amras* kaum. Dass »wenig vor[geht] auf diesen Seiten«, wird dem trotzdem fesselnden Text, der »nicht mehr los[läßt]«(n. n., 1965), nicht angelastet. Auch Jürgen P. Wallmann stellt nicht zu Unrecht fest, »erzählt wird im Grunde sehr wenig« (Wallmann, 1965).

Hartmut Zelinskys Aufsatz in *Literatur und Kritik* vom September 1966 ist die erste gründlichere, literaturwissenschaftliche Auseinandersetzung mit der Erzählung und klärt sehr gut ihren geistesgeschichtlichen Kontext. Krankheit, Leidenserfahrung und Tod sind in *Amras* zwar Symptome der Zerstörung, bedeuten im Sinne des frühromantischen Denkens aber nicht ausschließlich eine Gefährdung des Individuums, sondern sind zugleich Voraussetzungen höherer Erkenntnis und der Durchdringung des Naturzusammenhangs. Zelinsky weist die Spuren von Novalis' Krankheitsphilosophie und anderer romantischer Themen bei Bernhard nach. Auch im Formalen, etwa in Gestalt des Unvollendeten, des Fragments und der an Novalis angelehnten »›Sätze‹ Walters«, lassen sich Ähnlichkeiten feststellen. »Die Sprache in ›Amras‹ ist in ihrer Sensibilität eine Sprache aus dem Geiste von Novalis selbst« (Zelinsky, 1966, S. 41). Umgekehrt geht *Amras* als »Buch der hoffnungslosen Zerstörung, der Krankheit und Tod dienen« (ebd., S. 39), über das romantische Konzept der Humanisierung der Natur und des natürlichen

Menschen hinaus. Hatte sich die Romantik idealistisch gegen die Naturbeherrschung durch den Menschen gewandt, so erweist bei Bernhard die Natur ihre Übermacht, die den menschlichen Geist zersetzt, zerstört und völlig beherrscht (s. a. Jurdzinski, 1984).

Ihre Entstehung verdankt Zelinskys Studie einem Universitätsseminar, an dem Thomas Bernhard als Gast teilgenommen hatte. Der Schriftsteller und Literaturwissenschaftler Werner Vordtriede (1915–1985) hielt im Sommersemester 1966 an der Universität München eine Lehrveranstaltung mit dem Titel »Kritisches Verständnis moderner Lyrik und Prosa«. Die Studenten sollten Gelegenheit erhalten, mit zeitgenössischen Autoren über deren Werk und über ihre dazu verfassten Seminararbeiten zu diskutieren. In einem Brief vom 9. Februar 1966 lädt Vordtriede Thomas Bernhard nach München ein, *Amras* mit seinem Bezug zu Novalis erscheine »wichtig und lohnend« (Werner Vordtriede an Thomas Bernhard, 9. 2. 1966, NLTB, TBA, B 625/2). Dieser sagt seine Teilnahme für den 23. Juni zu. Am Vorabend feiert er gemeinsam mit Vordtriede und dem Schriftsteller Joseph Breitbach (1903–1980) den 60. Geburtstag des Kollegen Wolfgang Koeppen (1906–1996).

Auch der Autor und Regisseur Hans Rochelt setzte sich Ende der 1960er-Jahre intensiv mit *Amras* auseinander. In zwei Briefen vom November bzw. Dezember 1967 deutet er Bernhard gegenüber Pläne zu einer Ballett-Bearbeitung der Erzählung an (vgl. NLTB, TBA, B 473/2/2). Am 6. Juni 1968 führt das Jeunesse Ballett Wien unter der choreographischen Leitung von Herbert Nitsch am Landestheater Linz vier neue Tanzstücke auf, darunter *Amras* nach der Musik von Anton von Webern (1883–1945), Sechs Orchesterstücke, op. 6 (1910). Das Libretto stammt von Hans Rochelt, das Bühnenbild in Form von sechzehn drehbaren Würfeln von Claus Pack. Die avantgardistische Umsetzung von Bernhards Erzählung als musikalisches Ballett sowie die tänzerische Leistung werden von der Kritik begeistert aufgenommen, die offenbar nur ein einziges Mal aufgeführte Veranstaltung in Linz stieß jedoch nur auf geringe Publikumsresonanz.

Thomas Bernhard selbst hat *Amras* rückblickend in einem Gespräch als »›[s]ein Lieblingsbuch‹« bezeichnet (Kathrein. In: Dreissinger, 1991, S. 190). In seinem zuletzt erschienenen Roman *Auslöschung* (1986) zitiert er die eigene Erzählung: Der Protagonist Franz-Josef Murau empfiehlt seinem Schüler Gambetti »fünf Bücher [...], von welchen [er] überzeugt gewesen [ist], daß sie ihm für die nächsten Wochen nützlich und notwendig sein werden [...]: *Siebenkäs* von Jean Paul, *Der Prozeß* von Franz Kafka, *Amras* von Thomas Bernhard, *Die Portugiesin* von Musil, *Esch oder Die Anarchie* von Broch [...].« (*Auslöschung*, S. 7 f.) Ursprünglich hatte er anstelle seines eigenen Buches Adalbert Stifters (1805–1868) *Witiko* vorgesehen, doch nach der harschen Kritik an diesem Kollegen in *Alte Meister* (1985) wohl darauf verzichtet. Vermutlich hat Bernhard *Amras* deshalb so sehr geschätzt, weil es sein »am deutlichsten romantisches Werk« (Höller, 1993, S. 77) ist. Viele der späteren Themen und Motive »wie die Verbindung von Erkenntnis und Krankheit, Natur und Wissenschaft, homoerotische Bindungen oder ähnlich-unähnliche Brüder« (Kommentar, TBW, Bd. 11, S. 355) greift die Erzählung bereits auf.

Deutungsansätze

Zur Form des Erzählens

Die Ambivalenz von Faszination und Irritation, welche *Amras* nicht nur bei vielen Rezensenten ausgelöst hat, zählt zu den wesentlichen Merkmalen dieser Erzählung wie zu Bernhards Prosa insgesamt. Es sind nicht allein die Inhalte, vielmehr ist es auch ihre formale, sprachliche Struktur, die anziehend und zugleich verstörend gewirkt hat. In der geschickten Inszenierung des Geschehens kündigt sich der spätere Bühnenautor Bernhard an – sein erstes Stück *Ein Fest für Boris* wird 1970 uraufgeführt. Zu Recht spricht Manfred Jurgensen vom »theatralischen Charakter« seiner »Rollenprosa« (Jurgensen, 1981[1], S. 129). Die Rede der Figuren und die spezifischen Formen literarischen Erzählens vermitteln gesellschaftliche und zeitgeschichtliche Aspekte, die seine Texte nach wie vor zu den komplexesten und brisantesten Zeugnissen der Auseinandersetzung mit Wirklichkeit und Sprache zählen lassen. In dem unvollendeten Text über Thomas Bernhard *Ein Versuch* (entstanden 1969) zeigt sich jene Autorin, die Bernhard geschätzt und in *Auslöschung* in der Figur Marias porträtiert hat, angezogen von der »schlimmsten Genauigkeit« und dem »Zwang« (Bachmann, *Werke*, Bd. 4, S. 362) seines Erzählstils. Sie verweist auf die »Radikalität, die im Denken liegt und bis zum Äußersten« gehe (ebd., S. 361). Erst eine spätere Zeit werde die Aktualität seiner Bücher verstehen können. »Das Müssen, die Notwendigkeit, das Unausweichliche stempelt alle Bücher von Bernhard, angefangen vielleicht mit ›Amras‹, in dem die Unruhe noch stärker ist als die Beherrschung dieser Unruhe, die gläserne Ruhe im Umgang mit einer zerbröckelnden Welt« (ebd., S. 362).
Folgt man dem französischen Literaturtheoretiker Roland Barthes (1915–1980), wonach die auktoriale Instanz des allwissenden Erzählers an ihr Ende gelangt ist, lässt sich *Amras* als ein Text lesen, dessen Struktur über die Moderne hinausgeht. Er vermittelt zeitgeschichtliche Themen durch seine Form, zum Beispiel das erzählende Ich oder das Fragmentarische.

Bereits der erste Satz der Erzählung – auf das Motto sei später eingegangen – verdeutlicht ihre formale Gestaltung: »Nach dem Selbstmord unserer Eltern waren wir zweieinhalb Monate in dem Turm eingesperrt [...].« (*Amras*, S. 9.1–2) Ein Brüderpaar, genauer: der erzählende Bruder, blickt zurück auf ein grauenvolles, zunächst rätselhaftes Geschehen, dem es selbst hätte zum Opfer fallen sollen. Nach und nach werden dem Leser aus der Perspektive dieser Figuren die näheren Umstände und Ursachen der sogenannten »Familienverschwörung« (*Amras*, S. 9.21) enthüllt.

Amras ist also eine Rückblende, ein als Psychogramm angelegter Bericht über Ereignisse, deren Konsequenzen und Voraussetzungen den ganzen Text, die Situation der Brüder im Turm bis hin zum Schluss der Erzählung (»In Aldrans«), bestimmen. Wichtig ist dabei die Art und Weise, in der berichtet wird, also die sprachliche Inszenierung des Grauens. Die erzählerische Perspektive als Erinnerung (s. a. *Amras*, S. 72.6–7) des Geschehens, die die subjektiven Erfahrungen des Erzähl-Ich wiedergibt, strukturiert Bernhards Prosa maßgeblich. »Das Erzählte erscheint abhängig vom Erzähler und *aus* ihm« (Lederer. In: Botond, 1970, S. 54). Während die an Epilepsie leidende Bruder Walter nur in Form des »Notizbuchs« und der »›Sätze‹« zu Wort kommt, wird die Handlung vom erzählenden, namenlosen Bruder nicht nur wiedergegeben, sondern durch seine Sicht bestimmt. Er ist kein distanzierender Erzähler, und »der Leser ist den inneren Landschaften der Figuren noch direkter ausgesetzt« (Mittermayer, 1995, S. 51).

Figurenpaare gehören zum festen Repertoire in Bernhards Werk. In *Frost* sowie im zweiten Roman *Verstörung* steht jeweils der sprechenden, »handlungs«tragenden Figur (Maler Strauch, Fürst Saurau) ein protokollierender Ich-Erzähler (Famulant, Arztsohn) gegenüber. Im Verlauf der Handlung wird die Gefährdung des autonomen Erzählers infolge der sprachlich inszenierten Wirkungsmacht des von ihm beobachteten Gegenüber immer größer.

Zwischen den Brüdern in *Amras* besteht von Anfang an eine

symbiotische Bindung und eine emotional-physische Abhängigkeit. Die Erzählung betont die »chaotischen Verhältnisse eines *bis in den Tod* aneinandergeketteten, von Wissenschaften und Träumen verzogenen, von den Eltern verlassenen Brüderpaares zwischen Bergen von Büchern und Hoffnungslosigkeit« (*Amras*, S. 58.9–12). Ein Ausweg aus diesem Aneinandergekettetsein existiert offenbar nicht: Der Selbstmord des einen Bruders zieht unweigerlich den Verfall des anderen nach sich.

Amras ist der erste Text Bernhards, in dem der Motivstrang zweier Brüder (*Ungenach*, 1968; *Am Ortler*, 1971; *Der Schein trügt*, 1983) entwickelt wird. »Die Spaltung in ›zwei Verstandes*hälften*‹ – der eine Bruder ist Künstler, der andere Naturwissenschaftler – bestimmt Bernhards Literatur über viele Jahre. Es sind zwei Möglichkeiten im Streben nach dem Absoluten« (Hoell, 2000, S. 80). Die Spaltung der Welt in einen rationalen und einen emotionalen Bereich gelangt so symbolisch zum Ausdruck. Die inzestuösen Momente der Bruderbeziehung (s. a. Frenzel, 1999, S. 80 ff. u. S. 419) zeigen sich in der Nacktheit und den peinigenden Besuchsritualen beim Epileptikerarzt. Der Musiker Walter ist sensibel, kränklich und wird durch die Epilepsie der Mutter zugeordnet. Der erzählende Bruder hat die Robustheit des Vaters geerbt und betreibt Naturwissenschaften. Dennoch sind sich beide Brüder, die »im größten Schwierigkeitsgrad« (*Amras*, S. 35.22) zusammenleben, auf erstaunliche Weise ähnlich. »Abneigung« und »Zuneigung« ergänzen sich in ihrer Beziehung und scheinen so weit austauschbar, dass die Ich-Grenzen verschwimmen. »Wir haben zeitlebens zwischen uns beiden *vermittelt* ...« (*Amras*, S. 36.22–23) Das erzählende Ich spricht von seinem Bruder als »mein Walter« (etwa *Amras*, S. 58.14–15) in einer beinahe possesiven Obsession. Die Brüder können als zwei unterschiedliche Bewusstseinsteile einer Person begriffen werden. In der »Spannung zwischen rationaler und irrationaler Weltansicht« wird eine Person »in zwei Figuren« geteilt (Tismar. In: Botond, S. 69). Die gegensätzlichen Anlagen der Brüder machen sie zu »Repräsentanten zweier Haltungen des Menschen gegenüber den Einwirkungen seiner Umwelt« (Mittermayer, 1995, S. 53). Das sensiblere Bewusstsein erliegt den Spannungen und geht zugrunde. Sein Alter ego stürzt in

Verzweiflung und Wahnsinn, da ihm das ausgleichende Gegenüber fehlt und das vom andern bisher bloß Geahnte zur Gewissheit wird. Erscheint Walter zunächst auch für den Leser annähernd objektiv, so tangiert dessen Selbstmord die ohnehin gefährdete Autonomie des Erzähl-Ich. »Das Bewußtsein, daß du nichts bist als Fragmente, [...] daß die *ganze Entwicklung* Fragment ist ... die Vollkommenheit nicht ist ...« (*Amras*, S. 64.28–33), bedroht seine Persönlichkeitsstruktur.

Welt und Sprache als Fragment – Moderne und »Nach der Moderne«

In Bernhards Prosa kommt der seit der Moderne signifikante Wirklichkeitszerfall zum Ausdruck, die Zersplitterung der Welt, infolge der weder durch Erfahrung (rational) noch durch Glauben (theologisch) oder Überzeugung (philosophisch) erreichbaren Einheit der Welt und des Bewusstseins der eigenen Persönlichkeit. Bereits 1916 prägte Georg Lukács (1885–1971) in seiner *Theorie des Romans* den Begriff von der »transzendentalen Obdachlosigkeit« als Kennzeichen des modernen Subjekts. Als Dokument einer »metaphysischen Ortlosigkeit« (Jooß, 1976, S. 89) sind *Amras* diese Erfahrungen eingeschrieben.

Sprechen und Schweigen bilden in Bernhards Werk die beiden Pole, an denen sich die Abkoppelung des Individuums von der Gesellschaft ablesen lässt (s. Höller. In: Jurgensen, 1981², S. 53 ff.). Die ein Thema unablässig umkreisenden Monologe der Figuren erweisen sich als (ohn)mächtiger Versuch, den Wirklichkeitszerfall aufzuhalten. »Das unendliche Sprechen« richtet sich gegen den Tod (s. Foucault, 1988) und dient weniger der Kommunikation mit anderen als der Selbstvergewisserung.

In *Amras* ist der »Satz-Zerfall« (Lederer. In: Botond, 1970, S. 55) zum stilistischen Prinzip geworden, das auf die Fragmentierung der Welt verweist. Der Wechsel der Erzählformen – Briefe, eingestreute Schriften, Notizbuch-Eintragungen u .ä. – betont zusätzlich den Verlust der Einheit von Welt- und Selbsterfahrung. Deshalb wird »dem dummen Erzählerischen« (*Amras*, S. 51.32–33) eine prinzipielle Absage erteilt. »An Geschichten hatten wir nie Gefallen gefunden...« (*Amras*, S. 51.35–52.1), heißt es. Wie sehr Bernhard das Vertrauen in die Vernunft der Geschichte kritisiert, zeigt seine Rede zur Verleihung des Bremer Literaturpreises 1965. »[...] ich will nichts erzählen; ich will nicht singen; ich will nicht predigen; aber das ist wahr: die Märchen sind vorbei [...].« (»Mit der Klarheit nimmt die Kälte zu«, zit. nach: Dittmar, 1990, S. 74) In dem Monolog *Drei Tage* bezeichnet er sich als »*Geschichtenzerstörer*« (in: *Der Italiener*, 1971, S. 152). »Es darf nichts Ganzes geben, man muß es zerhauen« (ebd., S. 158.).

Selbst die Sprache, das Medium, in dem sich der Schriftsteller Bernhard artikuliert, kann ihre Aufgaben nicht mehr erfüllen, sie kann weder die Wirklichkeit wiedergeben noch Wahrheit vermitteln. »Alles Mitgeteilte kann nur Fälschung und *Ver*fälschung sein [...].« (*Der Keller*, TBW, Bd. 10, S. 135). Damit steht Bernhard in der österreichischen Tradition der Sprachkritik, wie sie am deutlichsten bei Fritz Mauthner (1849–1923) in den *Beiträgen zu einer Kritik der Sprache* (3 Bde, 1901/1902), Hugo von Hofmannsthal (1874–1929) in *Ein Brief* (1902) und der Philosophie Ludwig Wittgensteins (1889–1951) ausgeprägt ist.

Verletzungsgeschichte der Kindheit als gesellschaftliche Kritik

Familiäre Konflikte, das Versagen der Eltern und das Scheitern menschlicher Beziehungen (s. a. Jooß, 1976) begegnen in Bernhards Werk ständig. Lebenslang und bereits in den frühesten Texten setzt er sich schreibend mit der eigenen Herkunft auseinander. In den autobiographischen Erzählungen der 70er-Jahre werden diese Erinnerungsarbeit und die literarisch inszenierte Reflexion über Kindheit und Jugend intensiviert. Sie thematisieren beispielsweise die angespannte Atmosphäre innerhalb der eigenen »seiltanzende[n] Zirkusfamilie« (*Ein Kind*, TBW, Bd. 10, S. 431). Das Leben ist ein »Drahtseilakt, in welchem die ganze Zeit zu fürchten gewesen war, daß man abstürzt« (ebd.), beschreibt er seine Erfahrungen in der Zeit nationalsozialistischer Herrschaft und des Zweiten Weltkriegs. »Die Kindheit ist in das größte politische Dilemma der Geschichte eingeschlossen.« (»Unsterblichkeit ist unmöglich«. In: *Neues Forum*, S. 97)

Walters Schriften über den »Zirkus«, der unmittelbar vor dem Turm gastiert, verweisen auf die Kunst des Überlebens unter schwierigsten Bedingungen, wie sie der »Seiltänzer« zu beherrschen scheint. Dass Leben und Kunst in einer derart engen Beziehung stehen und die Künstlichkeit der Existenz zur Notwendigkeit wird, um das Dasein zu bewältigen, zeigen die sogenannten Geistesmenschen in Bernhards Texten. Sie scheitern jedoch an ihren auf das Allerhöchste zielenden Ansprüchen.

Der existentielle Überlebenskampf der Bernhardschen Familie und die Abwesenheit des Vaters, für das Kind wie die Mutter eine demütigende Enttäuschung, spiegeln die zeitgeschichtliche Situation der »vaterlosen Gesellschaft« wider, wie sie der Psychoanalytiker und Sozialpsychologe Alexander Mitscherlich (1908–1982) beschreibt. Bernhards Kritik an der »Unwissenheit und Gemeinheit« (*Die Ursache*, TBW, Bd. 10, S. 63) der Eltern richtet sich konsequenterweise auch gegen die »staatliche Züchtigung« (ebd., S. 13) in öffentlichen Institutionen. Das katholische Internat, im »Dritten Reich« unter nationalsozialistischer Führung, erlebt er ebenso wie die späteren Krankenhaus- und Sanatoriumsaufenthalte als Tortur.

Amras kann als Auftakt zur radikalen und ironisch überzeichneten Abrechnung mit dem »Verbrechen der Zeugung« (*Die Ursache*, TBW, Bd. 10, S. 66) gelesen werden, wie sie zum Beispiel später in der Erzählung *Gehen* (1971) begegnet. Die »Familienverschwörung« (*Amras*, S. 9.21) und die dem Untergang geweihte Familie bilden den Hintergrund des Geschehens. Die Verschuldung des Vaters bedeutet nicht nur den wirtschaftlichen Bankrott, sondern ist in einem psychologischen und gesellschaftlichen Sinn als Kritik an der patriarchalischen Gesellschaft zu verstehen. Dabei klingt allerdings zugleich das christliche Motiv der Erbschuld an. Geboren zu werden bedeute »unendliches Unglück« (*Ungenach*, S. 18) und als unglücklicher Mensch in die Kette der Reproduktion ewigen Leids eingereiht zu werden. Obwohl die beiden Brüder in *Amras* den Familienselbstmord überleben, haben sie keine Chance, dem »fürchterlichen Absterbensprozeß« (*Korrektur*, TBW Bd. 4, S. 27) der eigenen Existenz zu entkommen. Von der Umwelt isoliert, sind sie allein durch die Natur in einer geheimnisvollen »participation mystique [...] jenseits der Sprache im Bereich des Sprach-losen« (Jooß, 1976, S. 31) verbunden.

Die in zeitlicher Nähe zu *Amras* veröffentlichte Kurzerzählung »Das Verbrechen eines Innsbrucker Kaufmannssohns« (1965) steht ebenfalls in der Tradition familiärer »Verschwörung« (TBW, Bd. 14, S. 63) und »Infamie« (ebd., S. 66). Das Verbre-chen Georgs, der Titelfigur, besteht in »seine[r] bloße[n] Exis-tenz« (ebd., S. 63). Der Ich-Erzähler, ein Studienkollege des unerwünschten »›Krüppelsohnes‹« (ebd.), erhält Einblick in dessen »›Kinderkerker zu Innsbruck‹« (ebd., S. 64), der ihm sein eigenes Schicksal widerspiegelt, und wird Zeuge eines sich an-deutenden Selbstmordes, den Georgs »Eltern jetzt als Verbre-chen ihres Sohnes gegen sich selbst und als Verbrechen an seiner Familie bezeichnen« (ebd., S. 74). Ein radikaler Vorwurf gegen »die Rücksichtslosigkeit und die Gemeinheit und die Stumpfsin-nigkeit unserer Eltern« (ebd., S. 395), der sich mit der in *Amras* beschriebenen Welt deckt, ist der kurze Prosatext »Ebene« (1973). Auch die Erzählung »Am Ortler. Nachricht aus Goma-goi« (1971) erinnert an *Amras*. Zwei Brüder – der eine ist Na-turwissenschaftler und plant eine »Arbeit (über die Luftschich-ten)«, der andere betreibt als Artist ein »lebensgefährliches Kunststück« (ebd., S. 167) – wollen sich in die ihnen von den Eltern im Hochgebirge hinterlassene Almhütte zurückziehen. Nach dem beschwerlichen Aufstieg stoßen sie aber nur auf einen Trümmerhaufen. »Alles zerfallen, alles« (ebd., S. 189).

Die Negativität von Bernhards Metaphysik richtet sich provo-kativ gegen das Heilsversprechen der christlich-katholischen Kirche. In diesen Kontext gehört die Anspielung auf Jean Paul (1763–1825) und dessen von Bernhard geschätzten Roman *Sie-benkäs* (s. *Amras*, S. 16.34 u. 22.27–28; s. a. *Auslöschung*). Die »Rede des toten Christus vom Weltgebäude herab dass kein Gott sei« ist eine Traumszene über die Erschütterung angesichts der Einsamkeit des Menschen in der vernunftkalten Welt. Der Vater als Symbol der patriarchalischen Verhältnisse in Familie, Kirche und Staat wird zu einer Leerstelle. Seine Macht reduziert sich auf seine stumme Abwesenheit. »Nach meinem Vater frag ich / den Totenschädel im Wald...Vater...« (»In silva salus«. In: *Gesam-melte Gedichte*, 1993, S. 328).

In späteren Prosatexten (z. B. *Verstörung, Ungenach, Korrektur, Auslöschung*) variiert Bernhard das Motiv der Absage an die familiäre Tradition und die eigene Herkunft. Durch die »Auflösung, Abschenkung« (*Ungenach*, S. 7) riesiger, herrschaftlicher Besitztümer, indem sie »*das väterliche Erbe* [...] vernichte[n]« (*Verstörung*, TBW, Bd. 2, S. 136), entziehen sich die Söhne einer materialistischen und verbrecherischen Menschheitsgeschichte und beharren auf absoluter Unabhängigkeit.

Die »Absterbensverwirklichung eines ungeheuren Besitzes« (*Korrektur*, TBW, Bd. 4, S. 29) führt umgekehrt zur Gefährdung und Vernichtung der eigenen Existenz. In Bernhards zuletzt erschienenem Roman *Auslöschung* (1986) verweist den Protagonisten Franz-Josef Murau die Auseinandersetzung mit dem »Herkunftskomplex« (*Auslöschung*, S. 201) auf das »verborgene geschichtliche Grauen« (Höller, Heidelberger-Leonard, 1995, S. 8), das die Eltern mitverantwortet haben. Der Schauplatz nationalsozialistischer Kriegsverbrechen, der Familienbesitz Wolfsegg, wird zum Inbild der österreichischen Geschichte. Das Schloss steht auf einem »Todesboden« (*Die Ursache*, TBW, Bd. 10, S. 12), einem Massengrab polnischer Häftlinge, die kurz vor Kriegsende erschossen wurden.

Turm und Finsternis – Leitmotive der Isolation und Entfremdung

Dass sich Bernhard konsequent kritisch mit der Gesellschaft und ihrer Geschichte auseinandersetzt, tritt heute, aus der zeitlichen Distanz, klarer zutage. Die Isolation der Einzelnen in »Einsamkeitszellen«(Tismar. In: Botond, 1970, S. 68; s. a. ders., 1973), die häufig als »Solipsismus« (Madel, 1990), artifizieller Ästhetizismus (Seydel, 1986; Huntemann, 1990), ja als ein bis zum »wahnhaften Dunkel« (Endres, 1980) gesteigertes »monomanische[s] Werk« (Jahraus, 1992) verstanden wird, das die immer gleichen Themen wie Krankheit, Wahnsinn oder Tod wiederholt, ist in Bernhards Werk Konsequenz gesellschaftlicher Verhältnisse. Der zu Beginn der Erzählung als zentraler Schauplatz erwähnte Turm reiht sich unter jene Gebäude, die als »gestörte Idyllen« (Tismar, 1973) die Isolation des Individuums symbolisieren.

Für Bernhard selbst waren Häuser wie der 1965 erworbene Vierkanthof im oberösterreichischen Ohlsdorf von lebenswichtiger Bedeutung. Als »eng umgrenzte[r] Daseinsbezirk« (Jooß, 1976, S. 32) und »geschlossener Raum« (Eck-Koeniger, o. J., S. 14 ff.) repräsentiert der Turm für das Brüderpaar »Gefängnis und Zuflucht zugleich« (Tismar. in: Botond, 1970, S. 68; s. a. *Amras*, S. 9.7–11). Innen- und Außenwelt stehen also in einem Spannungsverhältnis. Gitta Honegger versteht den Turm als ein sexuelles Symbol, in dem das nach außen gekehrte Phallische wie der Mutterschoß als regressiver Rückzugsort zugleich enthalten seien (Honegger, 2003, S. 148 ff.). Die Sekundärliteratur hat für das Motiv eine Reihe literarischer Vorbilder genannt, insbesondere den sogenannten Elfenbeinturm als symbolischen Ort geistigen Rückzugs, Pedro Calderón de la Barcas (1600–1681) Drama *Das Leben ein Traum* oder Hugo von Hofmannsthals *Der Turm* (s. Tismar. In: Botond, 1970, S. 70). Auch an Friedrich Hölderlins (1770–1843) Turmzimmer in Tübingen, in dem der Dichter die letzten sechsunddreißig Jahre seines Lebens verbrachte, sowie an Peter Weiss' (1916–1982) Drama *Der Turm* (1950, dt. 1963) ließe sich denken. Noch deutlicher ist die Parallele zu dem als Arbeitsort und Bibliothek genutzten Turm des französischen Philosophen Michel de Montaigne (1533–1592), den Bernhard – wie schon sein Großvater – öfters nennt: in *Amras* auf S. 57.29. Montaigne zog sich 1571 aus seinen öffentlichen Ämtern »in den Schoß der gelehrten Jungfrauen« zurück, wie es in einer der Inschriften seines Turms als Metapher für die Wissenschaften heißt. Dort widmete er sich der Lektüre und schrieb die *Essais* nieder. Bernhard hat diese Details in der kurzen Erzählung »Montaigne« (1982) verarbeitet. Der Erzähler flüchtet mit einem Buch des Philosophen vor »[s]einer Familie und also vor [s]einen Peinigern [...] in einen Winkel des Turms« (TBW, Bd. 14, S. 414). Schon in dem erstmals 1963, unmittelbar vor *Amras*, veröffentlichten kurzen Text »Zwei junge Leute« findet sich das Turm-Motiv. »Der völlig fensterlose Turm«, in den ein junger Mann und ein Mädchen schweigend flüchten, »ist eine Vorstufe der Finsternis« (ebd., S. 195).
In der »irritierenden Finsternis des für uns nicht jahr*hunderte*-, sondern jahr*tausende*alten Turms« (*Amras*, 12.18–19) wird

dem Brüderpaar in *Amras* die drückende Vergangenheit bewusst. »[…] die Isolation im Turm liefert das Ich an seine eigene Geschichte und die Natur aus […].« (Höller, 1993, S. 78) Diese Finsternis ist eine genaue Widerspiegelung des Gesamtzustands der Außenwelt wie der inneren Verfassung der Personen. Die analytische Durchdringung der Welt vermag an dieser Finsternis und Kälte nichts zu ändern. Der Erzähler, selbst Naturwissenschaftler, plant eine Abhandlung über sein Verhältnis zu Walter. »Aber auch nach der Abhandlung wird, was wir waren, sind, sein werden, in Finsternis bleiben, alles bleibt immer in Finsternis … alles ist immer, *ist nicht* …« (*Amras*, S. 36.13–16) Die durch Wissenschaft und Rationalität gewonnene »Klarheit, *aus welcher uns unsere Welt plötzlich ist*«, resultiert in einer immer stärkeren »Kälte« (»Mit der Klarheit nimmt die Kälte zu«, zit. nach: Dittmar, 1990, S. 74). Der Einzelne ist ihr, »bis in die Seele hinein frierend« (»Montaigne«, TBW, Bd. 14, S. 422), ausgesetzt. Gleichwohl ist die Finsternis für Bernhard notwendiges Leiden, da sie eine höhere Erkenntnis ermöglicht: »In der Finsternis wird alles deutlich« (*Drei Tage*. In: *Der Italiener*, 1971, S. 151). In ihr wird Herrschaft der Natur über den Menschen am stärksten erfahrbar, welche die Sprache als »Kunst*mittel*« (ebd.) zum Ausdruck bringt.

Krankheit und Tod – Amras vor dem Hintergrund der Frühromantik

Die Dunkelheit wird noch vor dem ersten Satz von *Amras* thematisiert. Das Motto – »Das Wesen der Kranckheit ist so dunkel, als das Wesen des Lebens« (Novalis, *Werke*, Bd. 2, S. 792) – stammt aus den *Physikalischen und medizinischen Bemerkungen* (1799/1800) des frühromantischen Dichters Novalis (1772–1801), mit bürgerlichem Namen Friedrich von Hardenberg. Dass Bernhard in einer frühen Fassung von *Amras* anstelle von »Leben« irrtümlich »Tod« notiert, zeigt den tiefreichenden Kontext des Zitats. Leben und Tod durchdringen sich im romantischen Denken als kosmischer Zusammenhang. Die Krankheitslehre erhält für Novalis insbesondere nach dem frühen Tod seiner Verlobten, Sophie von Kühn (1782–1797), große

Bedeutung. »Kranckheiten bes[onders] langwierige, sind Lehr-
jahre der Lebenskunst und der Gemüthsbildung« (ebd., S. 841).
Unmittelbar vor dem Ausbruch seiner eigenen tödlichen Krankheit im Herbst 1800 beschäftigt sich Novalis mit medizinischen
Studien im Rahmen jenes für die Romantik charakteristischen
Erkenntnismodells, das Mensch und Natur aufeinander bezieht.
Die in Folge der vernunftbetonten Tendenz des 18. Jahrhunderts verdrängten *Ansichten von der Nachtseite der Naturwissenschaft* (1808; Gotthilf Heinrich Schubert, 1780–1860) werden aufgewertet. Krankheit und Tod, aber auch das Unbewusste
und Irrationale, der Traum und die Phantasie, werden zu Quellen einer neuen, höheren Erkenntnis. Novalis übernahm in seiner Krankheitsphilosophie die vom schottischen Arzt John
Brown (1735–1788) entwickelte Erregungstheorie mit dem Begriffspaar des Sthenikers und Asthenikers (s. ebd., S. 586), das in
Bernhards Erzählung anklingt und explizit in dem 1965 veröffentlichten Text »Ein junger Schriftsteller« erwähnt wird
(s. TBW, Bd. 14, S. 364). Krankheit bezeichnet für Brown und
Novalis einen Zustand von entweder zu geringer oder zu hoher
Erregung, welche die Grundlage des Lebens bildet. Reize, Empfindungen und Erregungen verweisen auf die Spannung zwischen Außen und Innen, da sie den Einzelnen mit der Umwelt
verbinden, ihn zugleich auch auf sich selbst verweisen. Der geistig und künstlerisch veranlagte Typus ist ein zur Empfindung
und Sensibilität gesteigerter »Astheniker«, ein Nervenmensch,
wie ihn in *Amras* beide Brüder verkörpern. Umgekehrt repräsentieren die Holzfäller den »Stheniker«, den Muskelmenschen.
Auf Spuren einer Novalis-Rezeption Bernhards verweist die mit
Anmerkungen versehene Anthologie im Fischer-Taschenbuch-
Verlag (Rehm, 1956) in seiner Bibliothek. Dabei ließ er sich von
der unsystematischen Textauswahl Rehms leiten. Das der autobiographischen Erzählung *Die Kälte* vorangestellte Novalis-
Zitat – »Jede Krankheit kann man Seelenkrankheit nennen«
(Novalis, *Werke*, Bd. 2, S. 824) – findet sich in diesem Band unmittelbar nach dem als Motto von *Amras* gewählten Satz. Bern-
hard dürfte schon früh von Novalis fasziniert gewesen sein.
»›Die Wissenschaft von den Krankheiten ist die poetischste aller

Wissenschaften‹‹, zitiert bereits der Famulant den Maler Strauch (*Frost*, TBW, Bd. 1, S. 326). »›Die Krankheiten führen den Menschen am kürzesten zu sich selbst.‹« (*Verstörung*, TBW, Bd. 2, S. 202). Den Bezug zu Novalis verrät auch ein vermutlich von Ende der 60er-Jahre stammendes Film-Porträt: »Die Natur ist ja Krankheit«, sie sei ein »Zersetzungsprozeß«. Das »Krankhafte« sei das Faszinierende und bedeute »höchstmögliche Intensität auch im Denken«, bemerkt Bernhard darin (*Thomas Bernhard*. Film von Jean Pierre Limosin, Frankreich 1998). Seit seiner Jugend mit einer beinahe tödlichen Lungenerkrankung konfrontiert, bezieht er sich in *Amras* auf die romantische Ästhetisierung des Leidens, reflektiert diese aber kritisch: Das Scheitern der Künstlerfiguren und Geistesmenschen an ihren übersteigerten Ansprüchen offenbart die Fragwürdigkeit der Auffassung von Krankheit als Mittel gesteigerter Sinneserkenntnis und schöpferischer Kraft. Der Kranke ist nicht mehr bloß der Ausgezeichnete und in positivem Sinn Auserwählte, »sondern findet sich in grausamer Weise immer wieder auf seine beschädigte Körperlichkeit zurückgeworfen« (Langer, 1999, S. 182). Viele von Bernhards Texten machen dabei die soziale Ausgrenzung des Anderen, seine Pathologisierung und Stigmatisierung als Bedrohung des »Gesunden« deutlich.

Neben der Krankheit ist für Novalis der Tod ein Mittel höherer, metaphysischer Erkenntnis. Als »das romantisirende Princip unsers Lebens« macht er dieses erst verständlich und »verstärkt« (Novalis, *Werke*, Bd. 2, S. 756) es erhöhend. In *Verstörung* bemerkt der Arzt in Erinnerung an seine verstorbene Frau: »Zusammen sei der Mensch mit einem geliebten andern endlich erst, wenn der betreffende *tot, tatsächlich in ihm ist*.« (*Verstörung*, TBW, Bd. 2, S. 21) Auch Novalis sehnt sich nach einer mystischen Vereinigung mit der früh verstorbenen Geliebten im Jenseits. Sein unvollendeter Roman *Heinrich von Ofterdingen* idealisiert den gemeinsamen Liebestod in einem Traum des jungen Helden. Das berühmte »nach Hause« aus dem Mund seiner Geliebten Mathilde wird zur romantischen Zauberformel einer die physischen Grenzen transzendierenden kosmischen Geborgenheit. Ähnlich empfindet der erzählende Bruder den Verlust Walters als schmerzhaft und scheint ihm in den Tod nachfolgen zu wollen.

Aus *Amras* spricht nicht zuletzt die durch und durch romantische »Überzeugung, daß das Fragmentarische die bessere Wahrheit sei, weil es uns nicht durch Harmonie betrügt« (Blöcker. In: Botond, 1970, S. 91). Ähnlich äußert sich Reger im Roman *Alte Meister*: »Die höchste Lust haben wir ja an den Fragmenten, wie wir am Leben ja auch dann die höchste Lust empfinden, wenn wir es als Fragment betrachten, und wie grauenhaft ist uns das Ganze und ist uns im Grunde das fertige Vollkommene [...].« (*Alte Meister*, S. 41) Den Dichtern und Philosophen der Romantik galt es als adäquater Ausdruck und als einzig mögliche Darstellungsform des Zusammenhangs der einzelnen Teile innerhalb eines unfassbaren Ganzen. Die »transcendentale Universalpoesie« der Romantik, neben Novalis von Friedrich Schlegel (1772–1829) propagiert, verlangt die Zusammenstellung des formal Getrennten und die Gleichzeitigkeit des Verschiedenen. Philosophie und Dichtung, Wissenschaft und Poesie, sollen sich in einer höheren Synthese verbinden. Das »Vorläufige und erst Werdende im Prozeß des Denkens« sowie die »Bewegung des Geistes« (Pikulik, 1992, S. 125) sind die Voraussetzung für das »poetische Buch« der Romantik als Darstellung des Unendlichen. »Die Welt muß romantisirt werden« (Novalis, *Werke*, Bd. 2, S. 334), lautet das Programm, das durch die Forderung, »die Wissenschaften müssen alle poëtisirt werden« (ebd., Bd. 1, S. 662), ergänzt wird. Friedrich Schlegel spricht vom »unendlichen Geist der Poesie«, in dem sich das Unendliche des Geistes und das Organische auszudrücken vermögen.

Dabei ist nicht zuletzt die Musik, die als Stil- und Strukturprinzip auch für Bernhard maßgeblich ist, eine universelle, poetische Sprache der Natur. Die Prosa dient demgegenüber der zweckgerichteten Mitteilung und ist Ausdruck des vernunftbetonten Geistes, wie ihn Philosophie und Wissenschaft repräsentieren. Die in *Amras* geäußerte Kritik an der Prosa, am »dummen Erzählerischen« (*Amras*, S. 51.32–33), erweist sich als zutiefst romantische Idee von der Poesie als »höchster Wissenschaft«. *Amras* ist damit auch das »poetischste« Werk Bernhards im romantischen Sinn, da es das Erzählerische unterläuft, Poesie als universelle Kraft umsetzt und zugleich ironisiert. Die beiden Brüder – selbst »romantische« Wissenschaftler und Künstler

(Musik) – gehen zwar den »geheimnisvollen Weg nach Innen«, wie ihn Novalis in seinem Bekenntnis zu den »Tiefen unsers Geistes« in einem *Blüthenstaub-Fragment* weist, erfahren aber jene Finsternis und »Schattenwelt«, wie sie der romantische Dichter der Außenwelt zuschreibt (s. Novalis, *Werke*, Bd. 2, S. 232). Sie verlieren sich im Unendlichen der Natur (Poesie), das der Romantik als Ideal galt, dem sie die Beschränkung als einzig mögliches Mittel der Darstellung (Prosa) entgegenhielt.

Natur, Landschaft – Spuren des Realen

In *Amras* sind die Brüder »in eine vor lauter Finsternis und Naturrätsel und Verstandeserschütterung taube [...] Hochgebirgslandschaft« (*Amras*, S. 15.8–16) geworfen. Wie viele von Bernhards Protagonisten sind sie auf geheimnisvolle Weise »der Anziehungskraft der Natur ausgeliefert« (*Amras*, S. 52.17–18). Dieser auf den ersten Blick rätselhafte Natur-Begriff lässt sich vor dem Hintergrund der romantischen Tradition erläutern. Für diese bildete die Natur einen harmonischen Seinszusammenhang jenseits des rationalen Denkens. »Der Mensch spricht nicht allein – auch das Universum *spricht* – alles spricht – unendliche Sprachen. / Lehre von den Signaturen.« (Novalis, *Werke*, Bd. 2, S. 500) Bei Bernhard jedoch wird die Natur stets mit negativen Adjektiven versehen, sie ist finster, »grausam« (*Frost*, TBW, Bd. 1, S. 17), »infam« (s. ebd., S. 162), ja eine verbrecherische »Pornographie« (*Amras*, S. 76.10). Der Mensch kann sich der »Naturherrschaft« (Jurdzinski, 1984, S. 28) nicht mehr entziehen. Der Sinnzusammenhang ist verloren, so dass das auf die Natur verwiesene Individuum nur noch Zerfall und Isolation wahrnimmt. »In der Natur stellt die Natur den *Tod in der Zukunft* dar.« (*Amras*, S. 55.30) Arthur Schopenhauer (1788–1860), philosophische Schlüsselfigur in Bernhards Werk (s. a. Huber, 1992), formulierte die Beherrschung des Menschen durch den natürlichen Willen in seinem Hauptwerk *Die Welt als Wille und Vorstellung* (1819). Auch die menschliche Vernunft, der Geist, kann das »Fortschreiten des Verfalls« (*Frost*, TBW, Bd. 1, S. 246) nicht verhindern. Das müssen Bernhards Figuren, die der Natur und sich selbst ausgeliefert sind, schmerzhaft erkennen. Sie ist der »antagonistische« Gegenspieler des Menschen und bezeichnet eine »Anti-Idylle« (Schmidt-Dengler, 1969).

Die bereits in *Frost* angedeutete und in *Amras* schließlich noch konkretere Verankerung des Erzählten in einer realen Topographie mag zunächst irritierend wirken. Sie zeigt aber, wie sehr sich nicht nur Wirklichkeit und Fiktion, sondern auch Natur und konkrete Landschaft poetisch überlagern. Bernhard spielt mit realen Elementen, die er fiktiv zuspitzt und surreal oder grotesk zu symbolischen »Landschaftszeichen« (Lederer. In: Botond, 1970) verfremdet. Angefangen vom titelgebenden Ort Amras, heute ein Stadtteil von Innsbruck, zitiert der Text – ähnlich wie die Erzählung »Der Wetterfleck« (in: *Midland in Stilfs*, 1971) – wiederholt Namen aus der Tiroler Geographie. *Amras* ist ein literarisch gestalteter Schauplatz und zugleich lokal verankert. Die realen Orte der Erzählung (Aldrans, Amras, Bozen, Hall, Innsbruck usw.) sollen die Bedrohung des Individuums in der Natur anzeigen und zugleich die Authentizität des Geschehens unterstreichen.

Nicht zuletzt ist Bernhards Reflexion auf Natur und Landschaft eine Auseinandersetzung mit seinem ersten literarischen Vorbild, seinem Großvater. In Johannes Freumbichlers Dichtung bilden Heimat und Tradition die zentralen Erlösungsutopien des Menschen, obwohl oder gerade weil dieser sich selbst weit davon entfernt hat. Seine Figuren stehen zerrissen und suchend zwischen Heimat und Fremde, bäuerlicher Arbeit und geistiger Befreiung. In einem Nachlass-Typoskript zu *Amras* heißt es nicht zufällig: »HEIMAT / Es ist eine alte Geschichte, dass die Menschen die Heimat dort suchen, wo sie sich am weitesten von ihr entfernt haben, wo sie am weitesten von ihr entfernt sind, immer am weitesten von ihr: aber das ist ein Irrtum und von vornherein zerfressen.«

Literaturverzeichnis

Ausgaben der Erzählung

Amras. – Frankfurt/M.: Insel, 1964.
Amras. – Frankfurt/M.: Suhrkamp, 1965 (= edition suhrkamp 142).
Amras. – Frankfurt/M.: Suhrkamp, 1976 (= Bibliothek Suhrkamp 489).
Amras. – Frankfurt/M.: Suhrkamp, 1988 (= suhrkamp taschenbuch 1506).
Die Erzählungen. – Frankfurt/M.: Suhrkamp, 1979, S. 7–79.
Erzählungen I. Hg. von Martin Huber; Wendelin Schmidt-Dengler (= Thomas Bernhard. Werke. Hg. von Martin Huber; Wendelin Schmidt-Dengler. Bd. 11.) – Frankfurt/M.: Suhrkamp, 2004, S. 109–179.

Zitierte Werke Thomas Bernhards

TBW = Thomas Bernhard. Werke. Hg. von Martin Huber; Wendelin Schmidt-Dengler. – Frankfurt/M.: Suhrkamp, 2003 ff. (Zitiert wird aus den bisher erschienenen Bänden der fortlaufend herausgegebenen Werkausgabe unter Angabe von Band- und Seitenzahl.)
Alte Meister. – Frankfurt/M.: Suhrkamp, 1988 (1985).
Auslöschung. – Frankfurt/M.: Suhrkamp, 1988 (1986).
Die Autobiographie. Hg. von Martin Huber; Manfred Mittermayer. (= TBW, Bd. 10.) – Frankfurt/M.: Suhrkamp, 2004.
Beton. – Frankfurt/M.: Suhrkamp, 1988 (1982).
Erzählungen, Kurzprosa. Hg. von Hans Höller; Martin Huber; Manfred Mittermayer. (= TBW, Bd. 14.) – Frankfurt/M.: Suhrkamp, 2003.
Frost. Hg. von Martin Huber; Wendelin Schmidt-Dengler (= TBW, Bd. 1.) – Frankfurt/M.: Suhrkamp, 2003.
Gesammelte Gedichte. Hg. von Volker Bohn. – Frankfurt/M.: Suhrkamp, 1993.
Der Italiener. – Salzburg: Residenz, 1971.
Korrektur. Hg. von Martin Huber; Wendelin Schmidt-Dengler (= TBW, Bd. 4.) – Frankfurt/M.: Suhrkamp, 2005.
Ungenach. – Frankfurt/M.: Suhrkamp, 1971 (1968).
Unsterblichkeit ist unmöglich. Landschaft der Kindheit. In: Neues Forum, Heft 169/170, Januar/Februar 1968, S. 95–97.
Verstörung. Hg. von Martin Huber; Wendelin Schmidt-Dengler (= TBW, Bd. 2.) – Frankfurt/M.: Suhrkamp, 2003.

Zur Rezeption

Blöcker, Günther: Die Gefangenschaft des Menschen, In: Frankfurter Allgemeine Zeitung, 3. 8. 1963 [zu *Frost*].

Blöcker, Günther: Aus dem Zentrum des Schmerzes. In: Frankfurter Allgemeine Zeitung, 14. 11. 1964. (Auch in: Anneliese Botond (Hg.): Über Thomas Bernhard. – Frankfurt/M.: Suhrkamp, 1970, S. 89–92.)

Boegner, Karl: Amras von Thomas Bernhard. In: Bücherkommentare, Berlin, 15. 3. 1965.

Böhm, Gotthard: Dreizehn Tänzer und ein Band. Jeunesse Ballett mit neuem Programm. In: Die Presse, Wien, 8./9. 6. 1968.

Ehrenhauß, Jakob: Tirolische Todeskrankheit. In: Westermanns Monatshefte, Nr 4/1965.

Fink, Humbert: Beckett in Tirol? ›Amras‹: Erzählung von Thomas Bernhard. In: Deutsches Allgemeines Sonntagsblatt, Hamburg, 20. 9. 1964. (Vgl. ders.: In einem Turm. In: Die Presse, Wien, 31.10./ 1.11.1964.)

Jenny, Urs: Die Krankheit zum Tode. In: Die Weltwoche, Zürich, 20. 9. 1963 [zu *Frost*].

Jenny, Urs: Selbstmord-Exerzitien. In: Süddeutsche Zeitung, München, 19. 12. 1964. (Vgl. ders.: Einübung in den Selbstmord. Zu Thomas Bernhard: ›Amras‹. In: Die Weltwoche, Zürich, 15. 1. 1965.)

Meller, Michael: Ein Bericht über die Zerstörung des Lebens. In: Echo der Zeit, Recklinghausen, 31. 1. 1965.

Nolte, Jost: Milchmann oder Epileptiker? Zwei Beispiele neuer Prosa: Einfache Sätze und zerstörte Gedanken. In: Die Welt der Literatur, 12. 11. 1964, S. 569.

n. n.: Thomas Bernhard: Amras. In: Welt der Bücher (Herder Korrespondenz, Freiburg), Heft 3, 1965.

Schönegger, Hermann: Jeunesse-Ballett hätte mehr Zuschauer verdient. In: Oberösterreichische Nachrichten, 8. 6. 1968.

Senn, Hubert: Amras. Von Thomas Bernhard. In: Kulturberichte aus Tirol, 1965.

Trost, Werner: Zwei Große des Insel-Verlags. Thomas Bernhards neues Werk ›Amras‹ als Turmgleichnis vom Auslöschen des Geschlechts – Erhart Kästner und seine ›Lerchenschule‹. In: Oberösterreichische Nachrichten, 14. 11. 1964.

v. h.: Thomas Bernhard: ›Amras‹. Eine Novelle des Verfalls. In: Tiroler Nachrichten, 12. 12. 1964.

Wallmann, Jürgen P.: Thomas Bernhard: Amras. In: Neue Deutsche Hefte, März/April 1965. (Vgl. ders.: Thomas Bernhard: Amras. In: Die Tat, Zürich, 4. 6. 1965.)

Zuckmayer, Carl: Ein Sinnbild der großen Kälte. In: Die Zeit, Hamburg, 17. 6. 1963. (Auch in: Botond (Hg.): Über Thomas Bernhard, S. 81–88.) [zu *Frost*].

Ausgewählte und zitierte Forschungsliteratur

Bartsch, Kurt; Goltschnigg, Dietmar; Melzer, Gerhard (Hg.): In Sachen Thomas Bernhard. – Königstein/Ts.: Athenäum, 1983.

Betten, Anne: Thomas Bernhards Syntax: keine Wiederholung des immer Gleichen. – In: Karin Donhauser; Ludwig Eichinger (Hg.): Deutsche Grammatik – Thema der Variationen. Festschrift für Hans-Werner Eroms. – Heidelberg: C. Winter, 1998, S. 169–190.

Betz, Uwe: Polyphone Räume und karnevalisiertes Erbe. Analysen des Werks Thomas Bernhards auf der Basis Bachtinscher Theoreme. – Würzburg: Ergon, 1997.

Botond, Anneliese (Hg.): Über Thomas Bernhard. – Frankfurt/M.: Suhrkamp, 1970.

Dittmar, Jens (Hg.): Thomas Bernhard. Werkgeschichte. 2. Aufl. – Frankfurt/M.: Suhrkamp, 1990.

Dreissinger, Sepp (Hg.): Thomas Bernhard. Portraits, Bilder und Texte. – Weitra: Bibliothek der Provinz, 1991.

Dürhammer, Ilija: Thomas Bernhard. Holz – Ein – Fall. Eine reale Fiktion. – Wien: Kremayr & Scheriau, 2004.

Eck-Koeniger, Andrée: Das Gasthaus. Der Raumbegriff im erzählenden Werk Thomas Bernhards. – Weitra: Bibliothek der Provinz, o. J.

Endres, Ria: Am Ende angekommen. Dargestellt am wahnhaften Dunkel der Männerporträts des Thomas Bernhard. – Frankfurt/M.: Fischer, 1980.

Fischer, Bernhard: »Gehen« von Thomas Bernhard. Eine Studie zum Problem der Moderne. – Bonn: Bouvier, 1985.

Fueß, Renate: Nicht Fragen. Zum Double-bind in Interaktionsformen und Werkstruktur bei Thomas Bernhard. – Frankfurt/M. u. a.: Peter Lang, 1983.

Gößling, Andreas: Thomas Bernhards frühe Prosakunst. Entfaltung und Zerfall seines ästhetischen Verfahrens in den Romanen ›Frost‹ – ›Verstörung‹ – ›Korrektur‹. – Berlin, New York: de Gruyter, 1987.

Hennetmair, Karl Ignaz: Ein Jahr mit Thomas Bernhard. Das versiegelte Tagebuch 1972. – Salzburg: Residenz, 2000.

Hoell, Joachim: Thomas Bernhard. – München: dtv, 2000.

Höller, Hans: »Es darf nichts Ganzes geben« und »In meinen Büchern ist alles künstlich«. Eine Rekonstruktion des Gesellschaftsbilds von Thomas Bernhard aus der Form seiner Sprache. In: Manfred Jurgensen (Hg.): Thomas Bernhard: Annäherungen. – Bern, München: Francke 1981, S. 45–64.

Höller, Hans: Thomas Bernhard. – Reinbek: Rowohlt, 1993.

Höller, Hans; Heidelberger-Leonard, Irene: Vorwort. In: dies. (Hg.): Antiautobiografie. Thomas Bernhards ›Auslöschung‹. – Frankfurt/M.: Suhrkamp, 1995, S. 7–9.

Höller, Hans: Kommentar. In: Thomas Bernhard: Erzählungen. – Frankfurt/M.: Suhrkamp, 2001.

Honegger, Gitta: Thomas Bernhard. »Was ist das für ein Narr?« – München: Propyläen, 2003.

Huber, Martin: Thomas Bernhards philosophisches Lachprogramm. Zur Schopenhauer-Rezeption im Werk Thomas Bernhards. – Wien: Universitätsverlag, 1992.

Huguet, Louis: Chronologie. Johannes Freumbichler, Thomas Bernhard. – Weitra: Bibliothek der Provinz, o. J.

Huntemann, Willi: Artistik und Rollenspiel. Das System Thomas Bernhard. – Würzburg: Königshausen & Neumann, 1990.

Jahraus, Oliver: Das ›monomanische‹ Werk. Eine strukturale Werkanalyse des Œuvres von Thomas Bernhard. – Frankfurt/M. u. a.: Peter Lang, 1992.

Jooß, Erich: Aspekte der Beziehungslosigkeit. Zum Werk von Thomas Bernhard. – Selb: Notos, 1976.

Jurdzinski, Gerald: Leiden an der ›Natur‹: Thomas Bernhards metaphysische Weltdeutung im Spiegel der Philosophie Schopenhauers. – Frankfurt/M. u. a.: Peter Lang, 1984.

Jurgensen, Manfred: Thomas Bernhard. Der Kegel im Wald oder die Geometrie der Verneinung. – Frankfurt/M. u. a.: Peter Lang, 1981 (= Jurgensen, 1981[1]).

Jurgensen, Manfred (Hg.): Bernhard. Annäherungen. – Bern, München: Francke, 1981 (= Jurgensen, 1981[2]).

Kahrs, Peter: Thomas Bernhards frühe Erzählungen. Rhetorische Lektüren. – Würzburg: Königshausen & Neumann, 2000.

Kathrein, Karin: »Es ist eh alles positiv.« Thomas Bernhard über seine Bücher, seine Feinde und sich selbst. In: Dreissinger (Hg.): Thomas Bernhard, 1991, S. 187–191. (Zuerst in: Die Presse, Wien, 22. 9. 1984.)

Kohlhage, Monika: Das Phänomen der Krankheit im Werk von Thomas Bernhard. – Herzogenrath: Murken-Altrogge, 1987 (= Studien zur Medizin-, Kunst- und Literaturgeschichte, Bd. 18).

Langer, Renate: Bilder aus dem beschädigten Leben. Krankheit bei Thomas Bernhard. In: Alexander Honold; Markus Joch (Hg.): Thomas Bernhard: die Zurichtung des Menschen. – Würzburg: Königshausen & Neumann, 1999, S. 175–185.

Lederer, Otto: Syntaktische Form des Landschaftszeichens in der Prosa Thomas Bernhards. In: Botond (Hg.): Über Thomas Bernhard, S. 42–67.

Madel, Michael: Solipsismus in der Literatur des 20. Jahrhunderts. Untersuchungen zu Thomas Bernhards Roman »Frost«, Arno Schmidts Erzählung »Aus dem Leben eines Fauns« und Elias Canettis Roman »Die Blendung«. – Frankfurt/M. u. a.: Peter Lang, 1990.

Maier, Wolfgang: Die Abstraktion vor ihrem Hintergrund gesehen. – In: Botond (Hg.): Über Thomas Bernhard, S. 11–23.

Mariacher, Barbara: »Umsprungbilder«. Erzählen – Beobachten – Erinnern. Überlegungen zur späten Prosa Thomas Bernhards. – Frankfurt/M. u. a.: Peter Lang, 1999.

Kommentar

Marquardt, Eva: Gegenrichtung: Entwicklungstendenzen in der Erzählprosa Thomas Bernhards. – Tübingen: Niemeyer, 1990.
Mittermayer, Manfred: Thomas Bernhard. Realien zur Literatur. – Stuttgart: Metzler, 1995.
Pfabigan, Alfred: Thomas Bernhard. Ein österreichisches Weltexperi-
ment. – Wien: Zsolnay, 1999.
Reich-Ranicki, Marcel: Thomas Bernhard. Aufsätze und Reden. – Frank-
furt/M.: Fischer, 1993.
Rochelt, Hans: Sprache und Verstörung. Zur Prosa von Thomas Bern-
hard. In: Literatur und Kritik, Heft 21, Februar 1968, S. 38 – 43.
Schmied, Wieland: Der Lyriker wird Romancier. Eine Erinnerung an
Thomas Bernhard. In: Dreissinger (Hg.): Thomas Bernhard, S. 320–
321. (Zuerst in: Rheinischer Merkur, 24. 2. 1989.)
Schmidt-Dengler, Wendelin: Die antagonistische Natur. Zum Konzept
der Anti-Idylle in der neueren österreichischen Prosa. In: Literatur und
Kritik 1969, Heft 40, S. 577–585.
Schmidt-Dengler, Wendelin: »Der Tod als Naturwissenschaft neben dem
Leben, Leben«. In: Botond (Hg.): Über Thomas Bernhard, S. 34–41.
Schmidt-Dengler, Wendelin: Der Übertreibungskünstler. Studien zu Tho-
mas Bernhard. 2. Aufl. – Wien: Sonderzahl, 1989.
Seydel, Bernd: Die Vernunft der Winterkälte. Gleichgültigkeit als Equili-
brismus im Werk Thomas Bernhards. – Würzburg: Königshausen &
Neumann, 1986.
Sorg, Bernhard: Thomas Bernhard. 2. Aufl. – München: Beck, 1992.
Steinert, Hajo: Das Schreiben über den Tod. Von Thomas Bernhards ›Ver-
störung‹ zur Erzählprosa der siebziger Jahre. – Frankfurt/M. u. a.: Pe-
ter Lang, 1983.
Text und Kritik. Zeitschrift für Literatur. Hg. von Heinz Ludwig Arnold:
Thomas Bernhard, Heft 43, 1974 (2. Aufl.: Heft 43, 1982; 3. Aufl.:
Heft 43, 1991).
Tismar, Jens: Thomas Bernhards Erzählerfiguren. In: Botond (Hg.): Über
Thomas Bernhard, S. 68–77.
Tismar, Jens: Gestörte Idyllen. Eine Studie zur Problematik der idylli-
schen Wunschvorstellungen am Beispiel von Jean Paul, Adalbert Stif-
ter, Robert Walser und Thomas Bernhard. – München: Hanser, 1973.
Vogt, Steffen: Ortsbegehungen. Topographische Erinnerungsverfahren
und politisches Gedächtnis in Thomas Bernhards ›Der Italiener‹ und
›Auslöschung‹. – Berlin: Schmidt, 2002.
Zelinsky, Hartmut: Thomas Bernhards ›Amras‹ und Novalis, mit beson-
derer Berücksichtigung von dessen Krankheitsphilosophie. In: Literatur und Kritik, September 1966, Heft 6, S. 38 – 42. (Auch in: Botond
(Hg.): Über Thomas Bernhard, S. 24–33.)

Sonstige Literatur

Adorno, Theodor W.: Gesammelte Schriften. Hg. von Rolf Tiedemann. – Frankfurt/M.: Suhrkamp, 1970 ff.

Bachelard, Gaston: Poetik des Raumes. – Frankfurt/M.: Fischer, 1987.

Bachmann, Ingeborg: Werke. Hg. von Christine Koschel; Inge von Weidenbaum; Clemens Münster. 4. Aufl. – München: Piper, 1993.

Barthes, Roland: Der Tod des Autors. In: Texte zur Theorie der Autorschaft. Hg. von Fotis Jannidis u. a. – Stuttgart: Reclam, 2000, S. 185–193.

Foucault, Michel: Schriften zur Literatur. – Frankfurt/M.: Fischer, 1988.

Frenzel, Elisabeth: Motive der Weltliteratur. Ein Lexikon dichtungsgeschichtlicher Längsschnitte. 5. überarb. u. erg. Aufl. – Stuttgart: Kröner, 1999.

Hye, Franz-Heinz: Amras. Geschichte und Gegenwart. – Innsbruck, 1989 (= Die Stadtteile Innsbrucks. Hg. vom Innsbrucker Stadtarchiv, Bd. 4).

Novalis: Werke, Tagebücher und Briefe Friedrich von Hardenbergs. Hg. von Hans-Joachim Mähl; Richard Samuel. – München, Wien: Hanser, 1978.

Novalis. Auswahl und Einleitung von Walther Rehm. – Frankfurt/M.: Fischer, 1956.

Paul, Jean: Siebenkäs. – Frankfurt/M.: Insel, 1987.

Pikulik, Lothar: Frühromantik. Epoche, Werke, Wirkung. – München: Beck, 1992.

Trakl, Georg: Dichtungen und Briefe. Historisch-kritische Ausgabe. Hg. von Walther Killy; Hans Szklenar. 2. Aufl. – Salzburg: Otto Müller, 1987.

da Vinci, Leonardo: Philosophische Tagebücher. Italienisch und Deutsch. Zusammengestellt, übersetzt und hg. von Giuseppe Zamboni. – Reinbek b. Hamburg: Rowohlt 1958 (= Rowohlts Klassiker der Literatur und der Wissenschaft. Hg. von Ernesto Grassi. Philosophie des Humanismus und der Renaissance, Bd. 2).

Vordtriede, Werner: Novalis und die französischen Symbolisten. Zur Entstehungsgeschichte des dichterischen Symbols. – Stuttgart: Kohlhammer 1963 (= Sprache und Literatur, Bd. 8).

Welsch, Wolfgang: Unsere postmoderne Moderne. 3. Aufl. – Weinheim: VCH, Acta Humaniora, 1991.

Wittgenstein, Ludwig: Tractatus logico-philosophicus. – Frankfurt/M.: Suhrkamp, 1963.

Wort- und Sacherläuterungen

Das Wesen der [...] des Lebens. Novalis: Körperliche und geis-   8.1–3
tige Krankheit bilden ebenso wie die »dunkle« Rätselhaftigkeit
der Existenz die zentralen Leitmotive der Erzählung und ent-
stammen frühromantischem Denken. Der Satz stammt aus den
Physikalischen und medizinischen Bemerkungen (1799/1800)
des Novalis (1772–1801), d.i. Friedrich von Hardenberg, dessen Philosophie von der Theorie des schottischen Arztes John
Brown (1735–1788) über die physiologische und emotionale
Erregbarkeit beeinflusst wurde (Novalis, *Werke*, Bd. 2, S. 792).
Brown zufolge beruht Krankheit entweder auf einem Über-
schuss an nervlicher Erregung und gesteigerter Empfindlichkeit,
wie sie vor allem bei geistig orientierten Menschen auftritt
(»Asthenie«), oder auf einem Mangel an Reizen beim physisch
ausgerichteten Typus (»Sthenie«) – s. Erläuterungen zu 13.22–
26. In der Erzählung *Ein junger Schriftsteller* (1965) übernimmt
Bernhard das in *Amras* bloß angedeutete Begriffspaar »Sthenie«
und »Asthenie« direkt.

Nach dem Selbstmord [...] Vaters, zugänglich ist: Schon der   9.1–6
erste Satz der Erzählung zeigt, wie Thomas Bernhard reale Ge-
gebenheiten in der Fiktion verändert. Amras liegt im Südosten
der Tiroler Landeshauptstadt Innsbruck und war bis 1938 eine
eigenständige Ortsgemeinde. Als ihr Wahrzeichen kann das auf
einem Waldrücken stehende Schloss Ambras gelten, das allerdings keinen Turm besitzt. Erzherzog Ferdinand II. (1529 –
1595) ließ 1564–1566 die im frühen Hochmittelalter von den
Grafen von Andechs begründete Burg in ein Renaissanceschloss
umbauen, das er seiner aus dem wohlhabenden Augsburger Pa-
triziergeschlecht der Welser stammenden Gattin Philippine
(1527–1580) schenkte (s. Erl. zu S. 30.1–2). Der Name Amras
mit den älteren Schreibweisen »Ambras« oder »Omaras« lässt
sich ab ca. 950 belegen. Seine Herkunft aus dem lateinischen »ad
umbras« (dt.: im Schatten, schattig gelegen) gilt als ungesichert
(vgl. Hye, 1989), verweist aber auf das Geschehen in der Erzählung. Der Turm als »Einsamkeitszelle« und »gestörte Idylle«
(Tismar, 1973) symbolisiert die Isolation der beiden Brüder von

ihrer Umwelt nach dem Selbstmord der Eltern. Die Leiden der Brüder im Turm und beim Arzt können Reflex eines weiteren historischen Details sein, das Bernhard aber keineswegs bekannt gewesen sein muss. Im Herbst 1941 wurde in der Reichenau, nahe Amras, ein Gestapo-Lager errichtet. Die in dem sogenannten »Arbeitserziehungslager« inhaftierten Ausländer wurden in kleine, ungeheizte Arrestzellen mit Betonboden eingesperrt. Strafen wie das Auspeitschen oder Abspritzen und Baden der nackten Häftlinge mit kaltem Wasser, »›bis sie blaugefroren waren und zum Teil ohnmächtig wurden‹«, waren an der Tagesordnung. Anschließend ließ man sie »›in eine Arrestzelle (Bunker) sperren‹« (zit. nach Hye, 1989, S. 85).

9.13–14 **grobe Tiroler Gesundheitsvorschrift**: Eine solche »Tiroler Gesundheitsvorschrift«, derzufolge Menschen nach einem Selbstmordversuch von den »Gesundheitsbehörden« (9.29) zwangsweise psychiatrisiert werden, existiert freilich nicht und ist eine bewusste Übertreibung Bernhards.

9.21 **Familienverschwörung**: Als solche wird der Selbstmord der Eltern, dem auch die Brüder hätten zum Opfer fallen sollen, bezeichnet. Die kritische, negative Darstellung familiärer Verhältnisse (vgl. *Die Ursache*, TBW, Bd. 10, S. 66: »Verbrechen als Zeugung«) reflektiert Bernhards eigene Erfahrungen mit den Eltern und den Erziehungsinstitutionen, ist aber nicht nur biographisch, sondern auch sozialgeschichtlich zu verstehen (s. Erl. zu 33.7–10).

9.27 **Roßdecken**: Die ursprünglich zum Schutz von Pferden gegen Kälte oder Zugluft verwendete Rossdecke hat bei Bernhard symbolische Bedeutung. Sein Großvater, Johannes Freumbichler (1881–1949), begann oft um vier Uhr morgens, bei Kälte und Finsternis in seine Pferdedecke gewickelt, mit dem Schreiben (vgl. *Beton*, S. 11 f. u. 22; *Der Keller*, TBW, Bd. 10, S. 169).

9.31 **Innsbrucker Vaterhause**: vgl. 11.4: »Herrengasse«; auf assoziativer Ebene stellt sich hier der Bezug zur patriarchalischen Herrschaft ein. Diese wird im Verlauf der Handlung jedoch zerstört (s. Erl. zu 16.2–3; 23.28–29).

10.3 **am Dritten**: Gemeint ist hier offenbar der 3. März (vgl. 10.31: »Es war Anfang März«).

10.25 **Geschwisterstumpfsinn**: Ad-hoc-Komposita und die Schaffung neuer Bedeutungszusammenhänge von Wörtern sind für Thomas Bernhards Sprache charakteristisch. Das Thema der Geschwister (*Vor dem Ruhestand, Auslöschung*) bzw. Brüderpaare (*Ungenach, Am Ortler, Einfach kompliziert*), die in einem symbiotischen, qualvollen Abhängigkeitsverhältnis (vgl. 9,24: »Geschwisterzusammenhang«; 52,9–12: »*bis in den Tod* aneinandergeketteten [...] Brüderpaares«) leben, variiert Bernhard immer wieder. Die Ambivalenz dieser Beziehungen ist vergleichbar mit dem Phänomen des Double-Bind, einander widersprechender Mitteilungen, die die gemeinsame Abhängigkeit verstärken (vgl. Fueß, 1983).

wir hörten aber genug Geräusche: Die Geräuschkulisse wird zu einem eigenständigen Motiv ausgebaut; immer wieder hören die Brüder Geräusche. Der Fluss Sill (vgl. auch die Erzählung *Der Wetterfleck*) beispielsweise »stürzte [...] in die Tiefe« und ist »lärmend« (10.33–34). Die Natur wirkt elementar und mit großer Intensität auf die von der Naturmacht irritierten Brüder. Oft sind die Geräusche nicht eindeutig zuzuordnen und wirken als Produkt der erinnernden Einbildungskraft, als innerlich wahrgenommener Ruf aus der Vergangenheit (vgl. 18.35–19.1: »ein Lärm, als ob Menschen erschossen würden«; 25.19–20: »Walter ging oft zum Fenster und schaute hinaus und sagte: ›Es ist nichts!‹ [...].«). 10.28

Bösartigkeit der Föhnstürme: Der am Alpennordrand unter bestimmten meteorologischen Verhältnissen, vorwiegend im Frühjahr und Herbst, auftretende Föhn ist ein warmer Fallwind (vgl. auch 16.7: »die föhnige Selbstmordnacht«; 118,1: »das Märzliche, Schwüle«). Dabei spielt Bernhard möglicherweise auf einen literaturgeschichtlichen Kontext an. Im Mai 1912 veröffentlichte Ludwig von Ficker (1880–1967) in seiner Kulturzeitschrift *Der Brenner* ein Gedicht des in Salzburg geborenen Lyrikers Georg Trakl (1887–1914) mit dem Titel »Vorstadt im Föhn«. Wenngleich in Salzburg entstanden, lassen sich inhaltliche Parallelen des von Leiden und Verfall geprägten Gedichts mit einzelnen Motiven aus *Amras* herstellen (vgl. etwa die Zeilen »In Körben tragen Frauen Eingeweide« oder »Ein Flüstern, das in trübem Schlaf ertrinkt«). Trakl wohnte von April bis Dezember 1912 in Innsbruck in der Amraserstraße 51 und arbeitete als 10.29–30

Apotheker im Militärspital. Anfang 1913 war er Gast auf der im Innsbrucker Vorort Igls, nahe bei Amras, gelegenen Hohenburg, die von Fickers Bruder Rudolf gehörte und Thomas Bernhard unter Umständen – neben Schloss Ambras – ebenfalls als Vorbild für den Turm in der Erzählung gedient haben könnte.

10.32–33 **Wir hörten viele […]** *was* **für Vögel**: Wie die von ihnen erzeugten Geräusche sind die Vögel selbst Symbol für das Unheimliche, die Psyche Bedrohende (s. Erl. zu 18.14–16; 19.3–6).

11.8–10 **uns wahnsinnig machende […] Schneestürmen von Entwicklungen**: Aus dem Kontext wird deutlich, dass sich dieses Bild nicht nur auf die kosmische Entwicklung, die »*große*« Natur- und Zeitgeschichte (vgl. auch 27.8–9: »Millionen von Lichtjahren«; 77.18–19:»Millionen von Jahren«), sondern als Ausdruck der seelischen Kälte auch auf die Einsamkeit der Brüder bezieht. Die zentrale Symbolik aus dem ersten Roman *Frost* (1963) klingt ebenso an wie das berühmte Kapitel aus Thomas Manns (1875–1955) Roman über die Krankheiten der Gesellschaft, *Der Zauberberg* (1924), in dem der junge Held, Hans Castorp, im Schneesturm die Orientierung verliert. Die die Brüder »wahnsinnig machende *große* Geschichte« wird von ihnen als den »*Feinde[n] der Prosa*« (51.31) später kritisiert (s. Erl. zu 51.28–52.1).

12.14–19 **in einer sich […] sondern jahr***tausende*alten Turms: Die »Finsternis« in dem »jahr*tausende*alten Turm« ist ein ständig wiederkehrender Topos der Erzählung, der neben der Kälte die Isolation der Figuren verdeutlicht. Hier weckt das Bild die Assoziation mit der Verdunkelung von Gemüt und Geist (s. Erl. zu 18.14–16) und verweist, jenseits zeitlich fassbarer Dimensionen, auf eine ewige Dauer (s. Erl. zu 11.8–10). Der körperlichen und seelisch-geistigen Erstarrung der Brüder entspricht ihre Bewegungslosigkeit im Turm.

12.22–24 **Internisten, eines in […] übergesunden vierzigjährigen Mannes**: Der erste Hinweis auf die »angeborene, von der Mutterseite ererbte« (115,12) Krankheit Walters. Von Epilepsie (griech. = Anfall) spricht die Medizin bei wiederholt auftretenden, plötzlichen Entladungen und Fehlleitungen elektrischer Gehirnströme. Sie können neben dem Kontrollverlust über den Körper und krampfartigen Zuständen zum zeitweisen Ausfall von Gehirnfunktionen führen. In der Antike bezeichnete man die Epilepsie – eine der ältesten bekannten Krankheiten überhaupt – aufgrund ihrer Rätselhaftigkeit und der Ähnlichkeit mit Trancezuständen als »heilige Krankheit«, die den Menschen von Göttern oder Dämonen auferlegt werde. Im Unterschied zu einer angeborenen oder erworbenen epileptischen Schädigung des Gehirns ist eine Vererbung der Krankheit äußerst selten.

Mein Bruder war [...] automatisch geschwächtere gewesen: 13.22–26
Die unterschiedliche physische, aber auch mentale Konstitution der Brüder verweist – ähnlich wie die Beschreibung des Epileptikerarztes – auf die Krankheitsphilosophie des Novalis und die Erregungstheorie von John Brown (s. Erl. zu 8.1–3). Im weiteren Verlauf der Erzählung zeigt sich aber, dass der feinsinnigere und künstlerisch orientierte Bruder Walter und der zunächst physisch stärkere Ich-Erzähler in symbiotischer Abhängigkeit leben, welche die ursprüngliche Differenz aufhebt. Nach der Terminologie Browns bzw. Novalis' sind beide »Astheniker«, sensible und leicht erregbare Menschen, während der Epileptikerarzt und die Holzfäller (s. Erl. zu 61.2–11) den robusten Typus des »sthenischen Muskelmenschen« darstellen.

»Tiroler Epilepsie«: Diese Krankheit als »nur in Tirol bekannte 14.9 Epilepsie« (14.12) ist eine Erfindung Bernhards (vgl. auch 17.35–18.1; u. Erl. zu 43.11–16), wenngleich sich dabei an die »Föhnstürme« (10.30) und die beidseitig des Inntals aufragende »Hochgebirgslandschaft« (15.14–15) denken lässt.

Tanzfestes in einem Wiltener Herrenhaus: Dass die Mutter auf 14.16–17 einem Tanzfest von der Epilepsie »befallen worden« (14.14) war, mag als ironische Anspielung auf den Vergleich der Krankheit mit Trance und entrückten Bewusstseinszuständen, aber auch der in älteren medizinischen Darstellungen Frauen zugeschriebenen Hysterie angesehen werden.

wir schauten, betrogen, [...] existierenden, verdrußerzeugenden 15.6–16
Hochgebirgslandschaft: Die für viele Sätze der Erzählung typische verzweigte Konstruktion zeigt die für Bernhards Sprache signifikante Rhythmisierung mit ihren Einschüben und ihrem assoziativen Verfahren. Inhaltlich verweist die Stelle auf die »Naturmacht« (Jurdzinski, 1984, S. 38) über den Menschen in Form von »lauter Finsternis und Naturrätsel« (15.8). Zur Bedeutung des Zirkus s. Erl. zu 45.21.

15.25–26 **Geschwisterzusammenhang**: Ad-hoc-Kompositum; s. Erl. zu
         10.25: »Geschwisterstumpfsinn«.

15.31   **doppelgehirnigen Einsamkeit**: Das Ad-hoc-Kompositum »dop-
         pelgehirnig« beschreibt die Symbiose der beiden Brüder. Bern-
         hard verwendet mit Vorliebe die Metaphorik des Kopfes (vgl.
         v. a. *Frost*), um die geistige Isolation und den Wahnsinn seiner
         Personen zu charakterisieren (vgl. auch 26.13: »doppelt verstan-
         desmäßig«; 46.1–2: »zwei Verstandes*hälften*«).

16.2–3   **in Absterbensmöglichkeiten verunglückte alles in uns**: Das Ab-
         sterben der Familie (vgl. 9.21: »Familienverschwörung«) bildet
         die Rahmenhandlung der Erzählung und ist eines der zentralen
         Themen in Thomas Bernhards Prosa. Bereits *Frost* (1963) zeigt
         die Einsamkeit der Menschen und die Brüchigkeit ihrer sozialen
         Beziehungen. *Verstörung*, *Ungenach*, *Korrektur* und *Auslö-
         schung* handeln von der »Absterbensexistenz« (*Korrektur*,
         TBW, Bd. 4, S. 171), der Auflösung des Familienerbes und den
         Befreiungsversuchen der Söhne von den geschichtlich belasteten
         Vätern bzw. von der Gesellschaft, was die Vernichtung der ei-
         genen Existenz zur Folge hat.

16.5–6   **in die föhnige Selbstmordnacht heimphantasierte**: »Selbst-
         mordnacht« – zu »föhnig« s. Erl. zu 10.29–30 – bezieht sich auf
         den von der Familie geplanten Selbstmord, den die Brüder über-
         lebt haben. Das »Heimphantasieren« kann als Todessehnsucht
         verstanden werden, die den späteren Selbstmord Walters (vgl.
         58 f.) andeutet. V. a. die Romantik verknüpft den Topos Heimat
         mit dem Tod, etwa in Novalis' Roman *Heinrich von Ofterdin-
         gen* (1802). Die gleichnishafte Antwort auf die rätselhafte Frage
         nach dem Weg des Lebens und Sterbens als universellem Gesetz
         lautet dort: »Immer nach Hause« (Novalis, *Werke*, Bd. 1,
         S. 373).

16.8   **das Märzliche, Schwüle**: vgl. 10.31; u. Erl. zu 10.29–30.

16.31   **süßen Geruch**: Wie die Geräusche (s. Erl. zu 10.28) bilden Ge-
         rüche ein immer wiederkehrendes Motiv der Erzählung, das die
         sensitive Empfindlichkeit der Brüder im Sinne der Reizsteige-
         rung und der romantischen Krankheitstheorie betont.

17.3–5   **während ich auf [...] ins Theater gingen**: Das heimliche Beob-
         achten der ins Theater gehenden Menschen erinnert an die Schil-
         derung des Begräbnisses durch den versteckt zusehenden Prot-

agonisten Franz-Josef Murau im Roman *Auslöschung*. Das vom
Ich-Erzähler in *Amras* Beschriebene besitzt den Aufbau einer
Theaterszene. Das Fenster als Guckkasten öffnet den Blick auf
das »Weltenstück« – so der Titel eines der frühesten Gedichte
Thomas Bernhards (»Mein Weltenstück«). Das beobachtende
Ich braucht die Distanz zur Außenwelt. »Traurig war, was ich
sah, traurig war, was ich dachte, traurig zog ich den Vorhang zu
[…].« (17.16–17) Immer wieder greift Bernhard auf die Darstellung des Lebens als barockes Welttheater (vgl. auch Hugo von
Hofmannsthal, 1874–1929) und Maskenball des Absurden zurück (vgl. *Ist es eine Komödie? Ist es eine Tragödie?*; u. Erl. zu
65.13–15).

Der Inn, die […] partizipierte, geheimnisvoll vorlaut: Das im 17.21–24
elliptischen Hauptsatz (»Der Inn […] geheimnisvoll vorlaut«)
fehlende Prädikat wäre »war«. Der irritierende Nebensatz (»an
welcher es sich […] fürchterlich partizipierte«) bezieht sich auf
das Akkusativobjekt (»Gewässer«, 17.21) des vorigen Satzes.

Abbreviatur: Abkürzung (lat.: brevis = kurz); v. a. in der Musik 17.25
gebräuchlich; hier im übertragenen Sinn für die Auflösung der
Familie.

tirolischer Lebensmüdigkeit: s. Erl. zu 14.9. 17.35–18.1

Melancholie: Als psychisch, aber auch körperlich bedingte Er- 18.4–5
krankung des Gemüts ist die Melancholie seit der Antike bekannt. Die mit ihr verbundene Schwermut, geistige Versunken-
heit und Distanz zur Außenwelt lassen sie als einen für Künstler
und Philosophen charakteristischen Seelenzustand erscheinen,
der ästhetisch idealisiert wird.

Der Abend stürzte […] in die Straße: Die seelische Verdüste- 18.14–16
rung wird in lyrischer Metaphorik, vergleichbar mit den Gedichten Georg Trakls (s. Erl. zu 10.29–30), durch den wie »ein riesiger toter Raubvogel« plötzlich hereinbrechenden »Abend«
ausgedrückt.

ein Lärm, als […] Soldaten jetzt aufmarschierten: Die Szene, die 18.35–19.3
das in der Erzählung entwickelte Motiv der Geräusche auf-
nimmt, weckt traumatische Erinnerungen an Kriegsszenen, die
als zeitgeschichtliche Realität den Hintergrund des Selbstmordes der Familie bilden (s. Erl. zu 23.28–29; 25.19–22).

ein sich immer […] ersticken zu müssen: Der sich vergrößernde, 19.3–6 unheimliche Vogel ist ein Dingsymbol für die Bedrohung durch äußere Vorgänge. Von »Vogelgeräuschen« (19.1), die nicht genau eingeordnet werden können, ist bereits am Beginn der Erzählung die Rede (s. Erl. zu 10.32–33). In *Korrektur* glaubt der Ich-Erzähler, den Tierpräparator Höller mitten in der Nacht beim Ausstopfen eines großen schwarzen Vogels zu sehen (s. Erl. zu 56.27).

19.7–26 **In dem, wie [...] geschweige denn aufzurichten**: Mit der verschachtelten Satzkonstruktion setzt ein neuer Abschnitt ein, der die Situation der Brüder im Turm nach dem Selbstmord der Eltern schildert, die in ihrer naturwissenschaftlichen beziehungsweise musikalischen Arbeit weder Sinn noch rettenden Halt finden können. Die »erhabene Kunst und die hohe Wissenschaft« (19.13) sind an ihr Ende gelangt, allein die Natur behauptet sich als wirksame Macht und beherrscht als »Absterbensprozeß« (*Korrektur*, TBW, Bd. 4, S. 27) den Menschen.

19.26–29 **Es schien uns [...] Musik seither tot**: Die gegensätzlichen Brüder – der wissenschaftliche auf der einen, der künstlerische Typus auf der anderen Seite – sind für Bernhards Werk ebenso kennzeichnend wie ein Studium im Ausland, meist in »England« (19.18), eine Anspielung auf den Aufenthalt des österreichischen Philosophen Ludwig Wittgenstein (1889–1951) in Cambridge, aber auch auf die systematische Vertreibung der Intellektuellen aus Österreich nach dem Anschluss an das »Dritte Reich« 1938 (s. Erl. zu 23.28–29). Dass Walter Musiker ist, verweist außerdem auf die Romantik, in der die Musik als poetische Sprache der Natur galt.

20.21 **Schwarze Küche**: Eine sogenannte »Rauchküche« mit offenem Herd, wie sie in Almhütten oder alten Bauernhäusern zu finden ist. Als Chiffre verweist die »Schwarze Küche« auf das Motiv der Finsternis und des Unheimlichen und weckt die Assoziation zum höllischen Inferno.

20.31 **Dunkelhaften**: Im Nachlass-Typoskript W 15/4 wird »Dunkelheiten« als Korrekturvorschlag von dritter Hand zu dem befremdlichen, von Bernhard jedoch offenbar im Sinne von »Haftstrafe« oder »Gefängnis« eingesetzten Wort angemerkt. Der Autor bestand gegenüber dem Lektorat wiederholt auf Eigenheiten, auch bei Satzkonstruktion und Interpunktion.

Sätzezerbröckelungen: Die Krise der Sprache bildet in der Er- 20.32–33
zählung wie in vielen anderen Texten Bernhards ein wichtiges
Thema, das dem Zerfall der Wirklichkeit korrespondiert. Das
moderne Subjekt ist ihr ausgeliefert, wie Hugo von Hofmannsthal (1874–1929) in seinem Brief des Lord Chandos (*Ein Brief*,
1902) formuliert (vgl. auch 32.14–17).

Modrige, Faule: Bedeutungsebene »Verfall«, »Untergang« (vgl. 21.3–4
auch 21.25; u. Erl. zu 16.30).

Oft fügten wir [...] in unseren Exaltationen: Die mittels musi- 21.5–23
kalischer Termini (21.14: »kontrapunktisch«; 21.15: »Rhyth-
misierungen«) beschriebenen gegenseitigen »Verletzungen«
(21.14) betonen nicht nur die Lust am Untergang, sondern können als sadomasochistische Praxis und Andeutung auf eine homosexuelle Beziehung der Brüder gesehen werden. Die Brüder
sind »völlig nackt, Körper an Körper, in für uns schon lange
nicht mehr wunderwirkender zarter Berührung [...].« (22.1–3).
Sie betreiben im Turm »Exaltationen« (21.23) und »Exzesse«
(22.16) und zerfetzen »vor Lust« (21.20) ihre Kleider. Das
»teuflische Oxygenische« (21.19) als zum Leben notwendiger
Sauerstoff scheint eine weitere Anspielung auf Novalis zu sein:
»Alle Naturkräfte sind nur Eine Kraft. Das Leben der ganzen
Natur ist ein Oxyd[ations] Process.« (Novalis, *Werke*, Bd. 2,
S. 820) Krankheit wird als »Abnahme der Oxidabilitaet« und
Sauerstoff dementsprechend als »UniversalArzeneymittel« (No-
valis, *Werke*, Bd. 2, S. 819) verstanden. In *Amras* hingegen wirkt
die Luft wie die Natur selbst zerstörerisch.

Meine Erklärung des [...] auf der Zunge: Die Fachbegriffe aus 22.18–24
dem Bereich der Genetik (»Chromonema«, »Endomitose«
usw.) verweisen auf die wissenschaftliche Arbeit des erzählenden Bruders, offenbar auf dem Gebiet der Biologie, das heißt
genauer der Erforschung von Erbveränderungen und der Vererbungslehre in der Botanik. Ähnlich ist Roithamer in *Korrektur*
mit der Forschung an der Veränderung des Erbmaterials beschäftigt, was sich mit seinem Plan der Vernichtung des elterli-
chen Herrschaftssitzes Altensam deckt. Die Studien des deutschen Botanikers Carl Erich Correns (1864–1933) führten dazu,
dass die von Johann Gregor Mendel (1822–1884), einem österreichischen Augustinermönch, begründete Vererbungslehre als

Voraussetzung der Genetik neue Beachtung fand. Die Chromosomen als für die Vererbung verantwortliches Erbgut wurden erst später entdeckt und nachgewiesen. Walter sind diese »Formeln und Theorien nur Poesie gewesen« (22.23–24), eine ihm fremde Wissenschaft. Damit verbindet sich eine Anspielung auf die Romantik, in der sich Kunst und Wissenschaft zur »transcendentalen Universalpoesie« vereinigen und den geheimnisvollen Zusammenhang des kosmischen Universums ergründen. Doch auch dem erzählenden Bruder »zerbröckelten« die Formeln »auf der Zunge« (22.24). Er kann die Welt in ihrem Zusammenhang nicht mehr begreifen.

22.27–28 **»Rede des toten Christus vom Weltgebäude herab«**: In seinem humoristischen Roman *Siebenkäs* (1796) lässt Jean Paul (1763 – 1825) die Titelfigur als Kind in einem Traum eine Vision Christi erleben. Der wiederauferstandene Gekreuzigte beklagt den Verlust Gottes. »›Vater, wo bist du?‹ aber ich hörte nur den ewigen Sturm [...].Wir sind alle Waisen, ich und ihr, wir sind ohne Vater.‹« (Jean Paul, 1987, S. 277) Kritik am Verlust des Glaubens mischt sich mit ironischer Distanz gegenüber religiöser Heuchelei. »Das Ziel dieser Dichtung ist die Entschuldigung ihrer Kühnheit. Die Menschen leugnen mit ebensowenig Gefühl das göttliche Dasein, als die meisten es annehmen.« (Jean Paul, 1987, S. 274) In Bernhards *Auslöschung* (1986) symbolisiert dieser Roman den Protest gegen die Eltern.

23.15 **gemeinnachbarliche**: Ad-hoc-Kompositum; »gemein« mit zweifacher Wortbedeutung: allgemein, gewöhnlich; bösartig.

23.28–29 **sei unser Innsbrucker Haushalt aufgelöst worden**: Die folgende Szene wird nach und nach verständlich, insofern der Vater hoch »verschuldet gewesen« (25.10) ist. Walters Vermutungen über das »›Fürchterliche, Unabwendliche...‹« (23.33) werden zunehmend zur Realität. Einzelne sprachliche Wendungen (24.13: »forttransportiert«; 24.16–17: »Schnelligkeit der neuen offiziellen Besitzergreifer«) sowie die Rolle des Internisten, »der Walter immer mehr Medikamente verabreicht« und »eine ganz neue Chemie ein[spritzt]« (24.2–4), evozieren die nationalsozialistischen Verbrechen der Euthanasie und der Enteignung jüdischen Besitzes.

25.10–11 **niemand im ganzen [...] wie unser Vater**: Neben dem finanziellen Bankrott besteht die »Verschuldung« des Vaters im übertragenen Sinn im »Verbrechen der Zeugung« (*Die Ursache*, TBW, Bd. 10, S. 66) und dem nachfolgenden Versagen als Erzieher. Bernhard spielt immer wieder auf die sozialgeschichtlichen Defizite einer »vaterlosen Gesellschaft«, eine mangelnde oder problematische Erziehung durch die Eltern, an.

Walter ging oft [...] Geräusch, eine Stimme: Die von außen in den Turm dringenden Geräusche und Stimmen können von den Brüdern nicht verifiziert werden und existieren offenbar nur in ihrer Einbildung als Produkt ihrer »Verrücktheit« (25.34). Als Sehnsucht, dass das Imaginierte real werde, drückt sich in den »Rufstimmen unserer Eltern« (26.9–10) einerseits Hoffnung auf »Trost« (26.1) und Erlösung aus der Einsamkeit aus. Aus der Vergangenheit reichen die Stimmen in die Gegenwart herein und symbolisieren andererseits das geschichtlich Verdrängte, das Weiterwirken der Geschichte (s. Erl. zu 18.35–19.3; 23.28–29). In *Heldenplatz* bricht Frau Schuster über dem Tisch tot zusammen, nachdem in ihrem Kopf die Stimmen der 1938 den Anschluss Österreichs an Hitler-Deutschland begrüßenden Massen immer lauter werden. Bernhard schreibt in *Die Ursache*, er selbst habe schreckensvolle »Träume« von den Bombenangriffen, die er als Jugendlicher 1944 in Salzburg miterlebt hat (*Die Ursache*, TBW, Bd. 10, S. 73). 25.19–22

Böden und Mauern: Die intensive Präsenz der Natur teilt sich den Brüdern über das Räumliche des Turmes mit. Auch der Roman *Verstörung*, dem ein dem französischen Philosophen Blaise Pascal (1623–1662) entliehenes Motto (»Das ewige Schweigen dieser unendlichen Räume macht mich schaudern.«) vorangestellt ist, verdeutlicht, wie Bernhard metaphysische Zusammenhänge durch die Inszenierung von Orten oder Gebäuden (Burg Hochgobernitz) ausdrückt. Die romantische Natursprachenlehre, welche die Welt als poetisch kosmische Signatur verstanden hat (vgl. Novalis, *Werke*, Bd. 2, S. 500), wird dabei dekonstruiert. In *Amras* hören die Brüder nur diffuse, nicht zuordbare Naturgeräusche, »das Gemisch aller möglichen Sprachen, das Gemisch und Gedröhn aller Laute« (26.16–17). Sie haben den für die Romantiker möglichen Sinnzusammenhang verloren. In ihrer Isolation und dem hilflosen Ausgeliefertsein an eine als 26.12

grausam erlebte Natur (vgl. auch *Frost*, TBW, Bd. 1, S. 40) spiegeln die Brüder diese bloß wider (vgl. 20.23–24: »zweier doppelter Spiegelbilder des Universums«).

27.8–9 **Drehung von Millionen von Lichtjahren**: Die Passage ist auch als Anspielung auf die kosmische Schöpfungsgeschichte zu verstehen (s. Erl. zu 11.8–10).

27.19–20 **Selbstmordkomplott**: im Sinn der »Familienverschwörung« (s. Erl. zu 111,23).

27.30–31 **doppelte Todeskrankheit**: Hier bezeichnet »doppelt« den engen Zusammenhang zwischen der Krankheit Walters und jener der Mutter. Die »Todeskrankheit« ist als zum Tod führende Krankheit, aber auch als lebensbestimmende *Krankheit zum Tode* (1849) nach einem Werk des dänischen Philosophen Søren Kierkegaard (1813–1855) zu verstehen (s. Erl. zu 51.14: »Todeskrankheiten Tirols«).

29.21 **Hochgebirgsfiebern**: Ad-hoc-Kompositum. Wie an anderen Stellen bringt Bernhard das Hochgebirge mit existentiell bedrohlichen Zuständen wie Wahnsinn, übersteigerter Sinnlichkeit u. ä. in Verbindung.

29.22–27 **ein phantastisches Bild [...] rhythmisch zufallenden Männerleichen**: Die Szene steht im Kontext der Kriegsgräuel, die im Text als traumatische Erfahrungen durchscheinen (s. Erl. zu 18.35–19.3; 25.19–22). Unter »Grauenverstärkungsanlagen« (33.22–23) lässt sich die Neigung der Brüder zur übersteigerten Sinneswahrnehmung verstehen, welche zur »Fiktion von Leichen« (29.26) führt, die das »Rauchfleisch« in der »Schwarzen Küche« (29.14–15) auslöst.

30.1–2 **Das Augsburger Messer [...] der Philippine Welser**: 1557 heiratete Erzherzog Ferdinand II. die aus dem Augsburger Bürger- und Handelsgeschlecht der Welser stammende Philippine. Die nicht standesgemäße Heirat wurde zunächst geheim gehalten. Ein Teil der von Erzherzog Ferdinand II. begründeten reichhaltigen Sammlung kunsthistorischer Schätze, Gemälde, Rüstungen, Waffen sowie Schmuck- und Ziergegenstände, befindet sich noch heute auf Schloss Ambras (s. Erl. zu 9.1–6). Ein Nachweis des »Augsburger Messers« gelang den Kunsthistorikern jedoch bis heute nicht, sodass man darin eine Fiktion Bernhards vermuten darf. Mit seiner »›philosophische[n] Ziselierung‹«

(30.11) und »scharfen Klinge« (30.12) wird das Messer zu einem Dingsymbol des Textes. Seine Angst erregende »Schärfe« ließe sich als Furcht Walters vor dem intellektuellen Rationalismus oder vor der Sexualität deuten. Im erzählenden Bruder, dem Naturwissenschaftler, ruft es immerhin »den Genuß einer ungewöhnlichen Schärfe und hohen Kunst« (31.29–30) hervor. Die Stadt Augsburg spielt übrigens auch in Novalis' Romanfragment *Heinrich von Ofterdingen* eine wichtige Rolle. Dort lernt Heinrich seine Geliebte Mathilde auf einem großen Tanzfest kennen.

In diesen Monaten [...] Unterdelirien des Hochschulwesens: Dass den Brüdern das »sogenannte Schulische [...] *verhaßt*« (33.13–15) und das frühzeitig abgebrochene Studium die »schlimmste Zeit« (27.21) war (vgl. auch 34.13: »Hochschulmartyrien«), ist als Anspielung Bernhards auf seine eigene Schulzeit im Salzburger Internat zu verstehen. Er hatte, »geistig eingeklemmt zwischen Katholizismus und Nationalsozialismus« (*Die Ursache*, TBW, Bd. 10, S. 78), die als »Geistesvernichtungsanstalt« (*Die Ursache*, TBW, Bd. 10, S. 83) erlebte Schule mit 16 Jahren verlassen und »*in der entgegengesetzten Richtung*« (*Der Keller*, TBW, Bd. 10, S. 113) als Lehrling im »Keller« eines Lebensmittelhändlers einen neuen Lebenssinn gefunden. In seiner Kritik des Bildungswesens geht Bernhard im Sinne der Übertreibungskunst (vgl. Schmidt-Dengler, 1989) noch weiter und spricht vom Geist als einem leeren Truggebilde (33.9: »Pseudogeistes«) und von der Universität als rauschartigem Wahnzustand (33.10: »Unterdelirien des Hochschulwesens«). 33.7–10

erbänderungs-philosophische Maschinerie: bezieht sich auf das Studium der Genetik des erzählenden Bruders (s. Erl. zu 16.18–24). 33.27

Wissenschaftsbrückenträger: Ad-hoc-Kompositum, metaphorisch im Sinne von »Repräsentanten der Wissenschaft«, »geistige Elite«. 33.29–30

mit dem ›Primärvorgang‹ [...] Hüllsubstanz (Matrix) erscheint‹:: Die im Text als Zitat – vermutlich aus einem Lehrbuch der Genetik – angeführten Begriffe beziehen sich auf das Studium des erzählenden Bruders. 33.33–35

Sonntage: Eine ähnlich negative Beschreibung der Wochenen- 34.18

den greift Thomas Bernhard in *Der Keller* (TBW, Bd. 10, S. 162 f.) auf.

34.34 **Friedhofsbesuche**: In *Drei Tage* (*Der Italiener*, 1971, S. 144) spricht Thomas Bernhard von Besuchen auf Friedhöfen und in Leichenschauhäusern mit seiner Großmutter. Vom Tod geht nicht nur Schrecken, sondern auch die Faszination des Morbiden aus.

35.12 **Gebäude in der Angerergasse**: Die im Westen Innsbrucks gelegene Gasse lautet richtig Angergasse, in der sich eine Volksschule befindet. Ein Universitätsgebäude hat dort aber vermutlich nie existiert.

37.1 **Zirkusseite**: jene Seite des Grundstücks, wo der Zirkus gastiert; s. Erl. zu 45.21.

38.14 **Internistenbesuche**: Die im Folgenden beschriebenen Arztbesuche sind für beide Brüder eine quälende, menschenverachtende Tortur (s. Erl. zu 12.22–24). Der »Epileptikersessel« (39.16) und die »Hundestellung« (35.14–15) sind Ausdruck der Unterwerfung unter die Verfügungsgewalt institutioneller Medizin.

38.31–32 **verbotenen Apfelgärten**: Die »verbotenen Apfelgärten« (vgl. auch 9.3–5) können als Anspielung auf die Vertreibung der beiden Brüder aus dem Paradies der Kindheit durch die mysteriöse »Schuld« der Eltern (s. Erl. zu 25.7–8) verstanden werden.

41.14–15 **Hundestellung**: Als Geste der Unterwerfung (s. Erl. zu 38.14) ist die »*Hundestellung*« auch sexuell konnotiert (s. Erl. zu 21.5–23).

42.6–15 **Ich glaube, daß [...] zu setzen getraute**: Der erzählende Bruder nimmt an (»Ich glaube [...]«), er und Walter würden durch ihren »Suggestivwillen« (42.12) bereits auf dem Weg zum Internisten die anderen Patienten gedanklich beeinflussen, damit sie den Epileptikersessel frei halten.

43.11–16 **die von uns [...] gemalt von Schlorhaufer**: Tatsächlich existieren, v. a. in älteren medizinischen Lehrbüchern aus dem 19. und frühen 20. Jahrhundert, fotografische Darstellungen verschiedener Zustände der Epilepsie wie überhaupt seelisch-geistiger oder körperlicher Zustände des »Anormalen«. Das Kranke, so das frühere Ziel der empirischen Pathologie, sollte erkannt bzw. psychiatrisiert und aus der Gesellschaft eliminiert werden. Die Bilder der »berühmt-berüchtigten ›Inntaler Tier- und Kinderepilepsie‹« (43.15) sind jedoch wie die »Tiroler Epilepsie« (14.9) eine Erfindung Bernhards. Walter Schlorhaufer (*1920), der hier gemeint sein könnte, arbeitete als Arzt an der Innsbrucker Universitätsklinik und als Schriftsteller.

Zirkus: Die »Auswahl der von Walter im Turm verfaßten [...] Schriften« (45.18–20; vgl. auch 57.5: »Zirkuswinterquartiere, Novellentitel«) mit auf den Zirkus anspielenden Zwischentiteln sind vom Text formal abgehoben. Bernhard hat sie gegenüber dem früheren Typoskript W 15/2 gekürzt und einem früher entstandenen Textkonvolut entnommen. Die phantastische Welt der Akrobaten, Seiltänzer und Spaßmacher ist ein Gleichnis für die Überlebenskunst und die unsichere Existenz im Alltag. Die einzelnen Figuren sind zum Teil an Personen der eigenen Familie angelehnt. Der Zirkus spielt in Bernhards Werk, v.a. in den Theaterstücken, eine wichtige Rolle (vgl. *Die Macht der Gewohnheit, Der Theatermacher*).   45.21

ich spazierte und [...] des Internisten, vor: Neben einem deutlichen Hinweis auf den zunehmenden Wahnsinn des erzählenden Bruders ist die folgende Stelle für Bernhards in sich kreisende, elliptische Satzkonstruktionen bezeichnend. Die Figur zieht sich selbst in ein absurdes System widersprechender beziehungsweise gleichberechtigter, aber unvereinbarer Gedanken und eingebildeter Handlungen hinein. Eine Entscheidung über den Wahrheitsgehalt des Erlebten oder Beschriebenen kann nicht getroffen werden. Der Zusammenhang von Denken und Gehen ist dabei wesentlich (vgl. *Die Mütze, Gehen*).   49.5–17

Ich war eine [...] *ich bin* gewesen: Als Ausdruck der Ich-Spaltung einer multiplen Persönlichkeit bzw. der psychotischen Allmacht, wie sie Bernhards Figuren immer wieder kennzeichnet (vgl. *Verstörung*, TBW, Bd. 2, S.123: »*ich bin der Vater!*«), korrespondiert der Satz mit der Anmerkung zu 3.5–17. Der Verlust der eigenen, an jene des Bruders gebundenen Identität deutet sich an: »*ich bin* gewesen« (50.18). Der Tod Walters führt schließlich zum vollständigen Ich-Verlust (s. Erl. zu 61.2–11; 62.10–26).   50.13–18

Symmetriespannung: Das im Sinne der Spannung zwischen »zwei Verstandes*hälften*« (46.1–2) verwendete Wort lässt sich auf das Verhältnis der beide Brüder beziehen.   50.23–24

50.33–51.3 **ich verfinsterte mich [...] Makrologie der Altersbegriffe**: Einzelne Wörter werden verdichtend in einen bewusst rätselhaften Zusammenhang gestellt. Die Passage ist vom Geist der Romantik geprägt. Ein Ding verweist auf das andere und hängt mit ihm zusammen, so dass das Universum als Kosmos von Zeichen lesbar wird (50.34–35: »Strömungen aus der Unendlichkeit«). Der aus der Mathematik stammende Begriff des Logarithmus (s. Erl. zu 53.1) findet bei Novalis als Form gesteigerter Erkenntnis und wechselseitiger Rückschlüsse Erwähnung.

51.14 **Todeskrankheiten Tirols**: Die Befreiungsversuche des erzählenden Ich »aus den vielen Generationen unserer Familie« (151,29), die in Tirol lokalisiert ist, schlagen fehl. Aus der das Dasein bestimmenden genetischen Substanz, der das wissenschaftliche Interesse des Erzählers gilt, gibt es keinen Ausweg. Wie für die Eltern mündet sie auch für die Brüder in den Untergang (vgl. auch Anm. zu 27.30–31).

51.28–52.1 **Wir beherrschten beide [...] nie Gefallen gefunden**: Die Kritik des »dummen Erzählerischen« (51.32–33), der Geschichtsgläubigkeit als bloßer Aneinanderreihung von Fakten sowie der »Geschichten« (51.35) entspricht die Form der Erzählung. Als »Geschichtenzerstörer« (*Drei Tage*. In: *Der Italiener*, 1971, S. 152) löst Bernhard den Begriff der »Prosa« (51.31) auf und unterläuft deren traditionelle Form. Auf der positiven Seite der sich in »Sätzezerbröckelungen« (20.32–33) widerspiegelnden Identitätskrise angesiedelt sind die Brüchigkeit absoluter Wahrheit, die Aufwertung der »Kunst der Andeutung« (51.28–29) sowie des Fragments. Salammbô (51.35) ist die historische Figur der antiken Hohepriesterin von Karthago. In dem gleichnamigen, mit detaillierten Kampfszenen gespickten Historienroman schildert der französische Schriftsteller Gustave Flaubert (1821–1880) den Söldneraufstand während des Ersten Punischen Krieges im 3. Jh. v. Chr.

52.11–12 **die emsigen subalternen Vorstadtgeschichtemacher**: Das abwertende Ad-hoc-Kompositum steht wohl im Kontext der Kritik am Erzählerischen, an den Geschichten und am Ganzheitsbegriff der Moderne.

52.15 **Schwibbögen**: Schwib- oder Schwebebogen, bezeichnet in der Architektur die Verbindung tragender Mauern oder einzelner

Gebäude. Möglicherweise hat Bernhard den Begriff Adalbert
Stifters (1805–1868) Erzählung *Granit* entnommen.

›Sätze‹ Walters: Die »›Sätze‹ Walters« bilden einen eigenen Ab-   53.1
schnitt der Erzählung, der ursprünglich »›Logarithmen Walters‹« hieß (s. Erl. zu 50.33–51.3). Formal, insbesondere durch
die dualistischen Begriffspaare, Analogien und paradoxen
Schlüsse, erinnern die aphoristischen »›Sätze‹« an die Studien des
Novalis im Rahmen naturphilosophischer Betrachtungen (z. B.
Fichte-Studien, 1795/1796; *Das Allgemeine Brouillon*, 1798/
1799). Dies spiegelt sich auch in der Schreibweise »n(N)ichts«
(54.10).

Ein Schauspieler: In der in die »›Sätze‹ Walters« eingefügten   54.16
Geschichte scheint sich Thomas Bernhard selbst zu porträtieren.
Entstanden ist sie gemeinsam mit anderen Kurztexten der erst
später veröffentlichten *Ereignisse* bereits Ende der 1950er Jahre
(vgl. *Der Schauspieler*, in: *Ereignisse*, TBW, Bd. 14, S. 202). Eine
Fotografie zeigt Bernhard in der Rolle eines Zauberers in einem
Märchenstück während seines Schauspielstudiums in Salzburg
(vgl. Höller, 1993, S. 53). Möglicherweise bildete die Rolle die
Vorlage zu dem Text, in dem der böse Zauberer als »Geschichtenzerstörer« (*Drei Tage*. In: *Der Italiener*, 1971, S. 152) auftritt. Die Funktion dieser Figur ist es, »das Gute, Durchschaubare zu zerstören oder wenigstens lächerlich zu machen« (55.9–
11). Die Kinder rächen sich freilich für die Desillusionierung des
Märchens, indem sie den Zauberer töten.

Zirkuswinterquartiere, Novellentitel: s. Erl. zu 45.21.   57.5

Montaignes: Michel de Montaigne (1533–1592), französischer   57.29
Philosoph und Verfasser der *Essais*; spielt in Bernhards Werk
eine wichtige Rolle (vgl. etwa *Montaigne*, TBW, Bd. 14, S. 414 –
423).

Dark night [...] function takes: Zitat aus William Shakespeare,   57.31–32
Ein Sommernachtstraum III. Akt, 2. Szene. Hermia sagt (in der
Übersetzung von Rudolf Schaller): »Die Nacht, die uns den
Dienst der Augen nimmt, [...].«

das Begräbnis meines[...] Kirchenbehörde, durchgesetzt wor-   59.24–26
den: Nach traditionellem katholischen Ritus wird Selbstmör-
dern ein christliches Begräbnis verweigert. Bernhard spielt hier
auf eine Familienlegende über die Bestattung des Großvaters an,

der angeblich zunächst nicht habe beerdigt werden dürfen, weil er die Sterbesakramente nicht erhalten habe (vgl. *Die Ursache*, TBW, Bd. 10, S. 44 f.). Johannes Freumbichler bekam schließlich in Salzburg-Maxglan ein Ehrengrab der Stadtgemeinde.

61.2–11 **Am Abend kommt […] Kopf schon zurückgezogen**: Einen neuen Abschnitt der Erzählung leiten die mit »In Aldrans« betitelten Darstellungen des überlebenden Bruders nach dem Tod Walters ein. Grundmotiv ist hier der Wald, der bei Bernhard als »Landschaftszeichen« das Unheimliche und den Orientierungsverlust des Einzelnen markiert (vgl. Lederer. In: Botond, 1970). Die Holzfäller symbolisieren, entsprechend der frühromantischen Krankheitslehre (s. Erl. zu 8.1–3; 13.22–26), im Unterschied zu den asthenischen Brüdern den »sthenischen Muskelmenschen«, das Rohe und Unheimliche der Natur (s. Erl. zu 63.32–64.1). Stil und Inhalt dieser Aufzeichnungen verweisen auf den am Schluss der Erzählung angedeuteten Wahnsinn des überlebenden Bruders.

62.10–26 **Der Schatten Walters […] mit Walter zusammen**: Die Stelle lässt nicht nur am Tod Walters (»der Tod unterbricht ja nicht«, 62.20–21), sondern vor allem an seiner wirklichen Existenz Zweifel aufkommen. Als »Schatten« taucht er im Bewusstsein des Erzählenden auf. »Es gibt […] keinen Bruder… Walter *ist*.« (62.17–18) Der rätselhafte Andere ist bzw. wird ein Teil des erzählenden Bruders. Das Surrealistische und Psychologische dieser Passage erinnert durch das Leitwort an die Erzählung *Der Schatten des Körpers des Kutschers* (1960) des deutschen Schriftstellers Peter Weiss (1916–1982).

62.27 **Krähen**: Die Krähen sind Dingsymbol für das Unheimliche (s. Erl. zu 18.14–16; 19.3–6).

63.32–64.1 **Höre: der älteste […] der Nacht, miteinander**: Das homosexuelle Verhältnis der beiden Holzfäller entbehrt nicht einer gewissen Ironie, vergleicht man die Hintergründe von Bernhards späterem Roman *Holzfällen* (1984), in dem er auf seine Beziehung zu Gerhard Lampersberg Ende der 50er-Jahre anspielt. Wald und Holzfällen im Werk Bernhards wurden auch als (homo)sexuelle Konnotate gedeutet (vgl. Dürhammer, 2004). Die »Verletzung« (68.4) des jüngeren Holzfällers resultiert aus der Penetration durch den älteren Holzfäller.

Das Bewußtsein, daß [...] folglich nichts ist: Die Fragmentie- 64.28–65.2
rung des Ich korrespondiert einem Weltzustand, in dem alles in
Auflösung begriffen ist (s. Erl. zu 20.32–33; 25.19–22; 50.13–
18).

Oenothera Lamarckiana: Begriff aus der Genetik. Die oeno- 65.8
thera (botan. Bez. für die Nachtkerze) ist das Beispiel für hetero-
zygote, das heißt durch Mischerbe bestimmte Kreuzungen. Der
französische Naturforscher Jean-Baptiste de Lamarck (1744–
1829) behauptete die heute widerlegte Theorie von der Vererbung bestimmter durch Umwelteinflüsse erzeugter Merkmals-
veränderungen von Lebewesen.

Grandissimi fiumi corran sotto terra: Zitat aus den *Philoso-* 65.12
phischen Tagebüchern des Leonardo da Vinci in der zweispra-
chigen Ausgabe von 1958. Diese Ausgabe besaß Thomas Bernhard. Entsprechend deren ital. Version wurde »corron« in der
Bernhardschen Version geändert in »corran« (S. 52). Die dt.
Übersetzung (S. 53) lautet: »Ganz große Flüsse laufen unter der
Erde.« Bereits 1958 hatte Bernhard auf einen Eintrag da Vincis
in den *Tagebüchern* zurückgegriffen: beim Motto seines zweiten, im Salzburger Otto Müller Verlag erschienenen Gedicht-
bandes *In hora mortis* (»La Luna, densa e gra[ve], dense e grave,
come sta, la luna?« – »Der Mond, dicht und schwer, dicht und
schwer, wie bleibt er [schweben] der Mond?«, S. 68/69).

das Zimmer, in [...] Tragödien, Lustspiele, Schauspiele: Nimmt 65.13–15
Bezug auf die bei Bernhard wiederholt thematisierte Schauspiel-
kunst (s. Erl. zu 17.3–5), konkret auf das seit dem 16. Jh. aus
Italien kommende und durch Wanderbühnen in Europa ver-
breitete volksstückhafte Stegreiftheater der Commedia dell'arte
mit ihren typischen Figuren. Pantalone ist der alte, geizige Kauf-
mann und ewige Liebesabenteurer, Columbine die junge, ver-
führerische Frau aus dem Volk.

in Zusammenhang mit [...] Venedig, Riva, Monte Cimone: Die 66.5–7
zum Teil in den Tagebüchern und im dichterischen Werk von
Bernhards Großvater, Johannes Freumbichler, erwähnten Namen montenegrinischer (Cattaro, heute Kotor) bzw. oberita-
lienischer Orte und Städte (Solferino, Pontebba, Venedig, Riva)
verweisen auf die Geschichte der österreichischen Habsbur-
germonarchie. Bernhards Urgroßvater, Joseph Freumbichler,

kämpfte selbst zwischen 1851 und 1854 als österreichischer Kanonier in Cattaro und in Italien. Die entscheidende Schlacht bei Solferino am 24. Juni 1859 führte zum Abzug der gegen Piemont-Sardinien unterlegenen Österreicher aus Norditalien. Im Ersten Weltkrieg war der Monte Cimone, ein Berg in den Tridentiner Dolomiten, zwischen Italienern und Österreichern heftig umkämpft.

66.12 **La vita bene spesa lunga è**: »Lang ist ein gut vollbrachtes Leben.« Wörtliches Zitat aus da Vincis *Philosophischen Tagebüchern*, S. 104/105 (s. Erl. zu 65.12).

69.1 **Batteranno il grano**: Vollständig: »Li omni batteranno aspramente chi fia causa di lor vita. Batteranno il grano«. »Die Menschen werden das, das ihnen das Leben ermöglicht, hart schlagen. Sie werden das Korn dreschen.« Wörtliches Zitat aus da Vincis *Philosophischen Tagebüchern*, S. 128/129 (s. Erl. zu 65.12).

69.23 **wenn du dich wie sie einmummst**: Kleidungsstücke verweisen bei Thomas Bernhard auf Identität (vgl. *Die Mütze, Der Wetterfleck*). Die Szene des Kleiderwechsels beziehungsweise der – in diesem Fall die Holzfäller (vgl. auch 72.17: »Holzfäller*anzüge*, Holzfäller*hauben* [...]«) – imitierenden Bekleidung ist ein ritueller Rollentausch und konnotiert (Homo-)Sexualität und Transvestismus. In dem Prosatext *Ist es eine Komödie? Ist es eine Tragödie?* trägt der Fremde Frauenkleider.

74.10–20 **Zur Anatomie: gestern [...] 22. stattgefundene Schlachtung**: Die Traum-Szene von der Schlachtung des als »mein Objekt« (74.12) bezeichneten Schweins beziehungsweise Menschen erinnert an die 1956 in *Wort in der Zeit* publizierte Erzählung *Der Schweinehüter*, mit der Thomas Bernhard endgültig von der traditionellen Dichtung zur modernen Literatur übergegangen ist.

75.12 **Körperkakophonien**: Ad-hoc-Kompositum; Kakophonie (gr.): Erzeugung von übel klingenden Misstönen; ugs.: ein schlechtes Kunstwerk, allgemeines Missempfinden.

76.13 **Unglücksrutengänger**: Ad-hoc-Kompositum; gemeint ist wohl ein Rutengeher, der Wasseradern und Magnetfelder aufspürt, der entweder unglücklich bzw. ungeschickt veranlagt ist oder unglücklich machende Dinge entdeckt.

77.17–18 **fürchterlichen tirolischen Oxydationen**: s. Erl. zu 21.5–23.

Galvanismus: Nach ihrem Entdecker, dem ital. Naturforscher 78.5
Luigi Galvani (1737–1798), bezeichnete Leitung elektrischer
Ströme durch das Experiment der Muskelkontraktion.

die ununterbrochenen Tradescantia [...] Hochglazial, Spätgla- 78.20–29
zial, Subborealikum: An keiner anderen Stelle dieser Erzählung zeigt sich deutlicher als hier Bernhards Vorliebe für das
Zitieren von Fremdwörtern oder geographischen Namen, die
vor allem klanglich-assoziativ eingesetzt werden und als »Tausende von Bezeichnungen, *Betäubungen*« (78.17–18) Irritation
auslösen sollen (vgl. auch 73.18–23). In diesem Fall stammen sie
aus dem Bereich der Biologie, insbesondere der Botanik (latei-
nische Pflanzennamen), der Geologie und der Genetik (s. Erl. zu
22.18–24).

Schermberg: In St. Veit im Pongau (Land Salzburg), wo Bern- 80.21
hard mit Unterbrechung zwischen 1949 und 1951 in der Lungenheilanstalt Grafenhof war, existiert ein Schloss Schernberg,
seit 1846 ein Heim für physisch und v. a. psychisch kranke Menschen.

herrschen in unseren [...] alle *beschämende* Zustände: Der el- 81.6–7
liptische Schlusssatz der Erzählung deutet auf eine geistige Erkrankung des Erzähl-Ich (vgl. auch 23.25–27). Sein wirkliches
Schicksal bleibt aber offen.

Danksagung

Für wertvolle Hinweise und die Unterstützung der Arbeit möchte ich mich v. a. bei Hans Höller (Universität Salzburg), Martin Huber und Astrid Hinterholzer (Thomas-Bernhard-Archiv, Gmunden) sowie Jens Dittmar (Vaduz), Peter Fabjan (Gmunden), Birgit Kienow (Deutsches Literaturarchiv, Marbach), Susanne Kuhn (Großgmain) und Manfred Mittermayer (Salzburg) bedanken.